EINFACH TOLL!

Lehrbuch 5

Maria Bates

The Lakes School, Windermere, Cumbria
formerly of Morecambe High School, Lancashire

Patricia M Smith

Deputy Head
St Aidan's CE High School, Preesall, Nr Blackpool
formerly Head of Languages at
St Wilfrid's CE High School, Blackburn

STANLEY THORNES (PUBLISHERS) LTD

Einfach toll!

The five stages of the course at a glance

TOPICS					
	STAGE ONE	STAGE TWO	STAGE THREE	STAGE FOUR	STAGE FIVE
	Personal information 1 & 2 Finding the way 1 Food and drink 1 Shopping 1 & 2 Travel 1 & 2 Numbers, money and time	Accommodation Finding the way 2 Banks and post offices Leisure and pleasure Illness, injury and emergency Food and drink 2	Arrival on an exchange visit Family and home Sport and hobbies Places of entertainment School Occupations	House and hometown Shopping and lost property Fashion and presents Holidays and weather Tourist information and accommodation Festivals and farewells	Personal information House and hometown Life at home Travel to and around Berlin Holidays and exchange office Food and drink and shopping Health and welfare and accidents Having things repaired and cleaned Social relationships and current affairs Free time and entertainment Education and future career

COMPONENTS		STAGE 1	STAGE 2	STAGE 3	STAGE 4	STAGE 5
Coursebook	Contains presentation material, dialogues, oral activities and some basic exploitation material. Stages 3 and 4 are set in Pegnitz on an exchange visit and also include GCSE and GCSE-type questions. Stage 5 is set in Berlin. It extends all topics to Higher Level GCSE taking account of Levels 9 and 10 of the National Curriculum.	Coursebook 1	Coursebook 2	Coursebook 3	Coursebook 4	Coursebook 5
Teacher's Book **Worksheet Book**	Elements: (a) Full notes on presentation and exploitation of the materials. (b) Transcripts of listening comprehension material. (c) Photocopiable worksheets containing listening and reading comprehension, puzzles and games. (d) Pupil profile blanks (also photocopiable). (e) Photocopiable GCSE and GCSE-type questions	Teacher's Book 1 (a, b, c, d)	Teacher's Book 2 (a, b, d)	Teacher's Book 3 (a, b, c, d, e)	Teacher's Book 4 (a, b) Worksheet Book 4 (c, d)	Teacher's Book 5 (a, b) Worksheet Book 5 (c, d)
Cassettes	Contain dialogues, listening materials and songs.	Set of cassettes for Stage 1	Set of cassettes for Stage 2	Set of cassettes for Stage 3	Set of cassettes for Stage 4	Set of cassettes for Stage 5
Flashcards	Pictorial starting points for language work, especially presentation of 'new' items.	Set of flashcards for Stage 1	Set of flashcards for Stage 2	Set of flashcards for Stage 3	Photo-copiable flashcards included in Worksheet Book	—

Text © Maria Bates and Patricia M Smith 1992

Original line illustrations © Stanley Thornes (Publishers) Ltd 1992

The right of Maria Bates and Patricia Smith to be identified as authors of this work has been asserted by them in accordance with the Copyright, Designs and Patents Act 1988.

All rights reserved. No part of this publication may be reproduced or transmitted in any form or by any means, electronic or mechanical, including photocopy, recording or any information storage and retrieval system, without permission in writing from the publisher or under licence from the Copyright Licensing Agency Limited. Further details of such licences (for reprographic reproduction) may be obtained from the Copyright Licensing Agency Limited, of 90 Tottenham Court Road, London W19 9HE.

First published in 1992 by:
Stanley Thornes (Publishers) Ltd
Old Station Drive
Leckhampton
CHELTENHAM GL53 ODN
England

A catalogue record for this book is available from the British Library.

ISBN 07487 1458 8

Typeset by Tech-Set, Gateshead, Tyne & Wear.
Printed and bound by Butler & Tanner, Frome, Somerset.

Contents

The five stages of the course at a glance — ii

Acknowledgements — iv

1 Eine Menge Briefe — 1
Austausch • Haus und Gegend • Familie und Freunde • Sternzeichen • Steckbriefe • Tagesablauf • Tagebuch • Zivildienst

2 Eine ziemlich verrückte Idee — 14
Berlin ist eine Reise wert • Anna und Karin machen Ferienpläne • Telefongespräche • Briefe an Reisebüros • Aus dem Berliner Hotelverzeichnis • Jugendgästehäuser • Marlene Dietrich – Ich hab noch einen Koffer in Berlin

3 Berlin: Geschichte und Sehenswürdigkeiten — 24
Kurz-Geschichte • Sehenswürdigkeiten • Stadtrundfahrten • Auschnitte aus Berliner Broschüren • Sport • Zoo • Rundfahrten auf dem Wasser • Die Trennung der Deutschen beendet • Mit Goethe in Berlin

4 Berlin er-fahren — 42
Anna und Karin lernen Jörg und Erdinç kennen • Berliner Verkehrs-Betriebe • Berliner Nahverkehrsnetz • Eine Zugreise • Berliner Verkehrsnachrichten • Wie fahren Sie in Berlin? • In der Wechselstube

5 Essen und Einkaufen — 58
Im Café Kranzler • Mode • Einkaufsbummel • An der Umtauschkasse • Was ißt du gern? • Ißt du gesundheitsbewußt? • Deutsche und Berliner Spezialitäten

6 Eine Magenverstimmung — 80
In der Apotheke • Krankenversicherung • Krankheiten • Zeitungen und Zeitschriften • Umweltschutz • Was gibt es im Fernsehen? • Was für Bücher liest du gern?

7 Ausflüge und Unfälle — 97
Der Berliner Veranstaltungskalender • Verabredungen • Freizeit • Ausflug nach Potsdam • Udo Lindenberg • Eine Panne • Unfälle • In der Schnellreinigung • Urlaub • Heimat

8 Berufsschule und Studium — 121
Schüler aus Berlin • Kunst mit Computern • Das Arbeitsamt informiert • Berufschule • Lehrstellen • Vorurteile • Betriebspraktikum • (Traum) berufe • Berliner Universitäten und Studentinnen • Ein Vergleich zwischen Deutschland und Großbritannien • Politik • Frieden

Grammatik — 137

Acknowledgements

The authors wish to thank all those involved with the preparation of Einfach toll! 5, and in particular:
- Jens Franz, Bettina Pielke, Gabi Reinsch and Wolfgang Winkler for providing the voices on the cassette.
- Greg Smith for providing the photographs and the bear cartoons.

The authors and publishers are grateful to the following for permission to reproduce material:

Deutsche Bundespost for the postcard on page 3;
Bravo for the horoscope on page 8 and the 'Steckbrief der Woche' on page 9;
Die Aktuelle for the horoscopes on page 9 and the text 'Berliner zieht's in der Ferne' on page 115;
Rimbach Verlag GmbH for the information about hotels on page 20;
TRO Essex Music Ltd for the words of the song on page 18;
Jugendgästehaus Berlin for the text on page 22;
Verkehrsamt Berlin for the texts from the *Berlin tut gut* brochure on pages 28 and 29;
Zoologischer Garten, Berlin for the information on pages 30 and 32;
Stern und Kreisschiffahrt GmbH for the leaflet on page 34;
Deutsche Presse-Agentur GmbH for the photos on pages 38 and 39.
Georg Bitter Verlag for the poems 'Die alte Straßenbahn' by Gerda Marie Scheidl on page 43, and 'Im Warenhaus' by Hildegard Wohlgemuth on page 61 (both appeared in Die Stadt der Kinder by Hans-Joachim Gelberg, © Georg Bitter Verlag, Recklinghausen, 1969);
Berliner Verkehrs-Betriebe (BVG) for the map on page 46;
Restaurants Mövenpick, Europa Center, Berlin for the advertisement on page 75;
Roba Music Verlag GmbH for the words of the song 'Der Generalsekretär' on page 107;
MCA Music GmbH for the words of the song 'Wir wollen doch einfach nur zusammen sein' on page 107;
International Music Publishers for the words of 'Sonderzug nach Pankow' on page 107;
Fernsehwoche for extracts on pages 92 and 93 and the text 'Moderner Unterricht' on page 123;
Ernst Klett Verlag für Wissen und Bildung for the advertisement for 'Englisch Auftanken' on page 96;
Eichborn Verlag for two of the book advertisements on page 96;
Berliner Zeitung for the newspaper reports on page 111;
Institut für Aus- und Fortbildung, Lübeck for the text 'Welchen Beruf haben Sie?' on page 130;
Informationszentrum Berlin for the text on page 132.

Every effort has been made to trace copyright holders, but we apologise if any have been overlooked.

Eine Menge Briefe

Anna und Karin sind Freundinnen. Sie haben vor ein paar Jahren an einem Schulaustausch teilgenommen und haben sich sehr gut verstanden. Letzten Sommer hat Anna Karin privat besucht. Sie schreiben sich häufig Briefe.

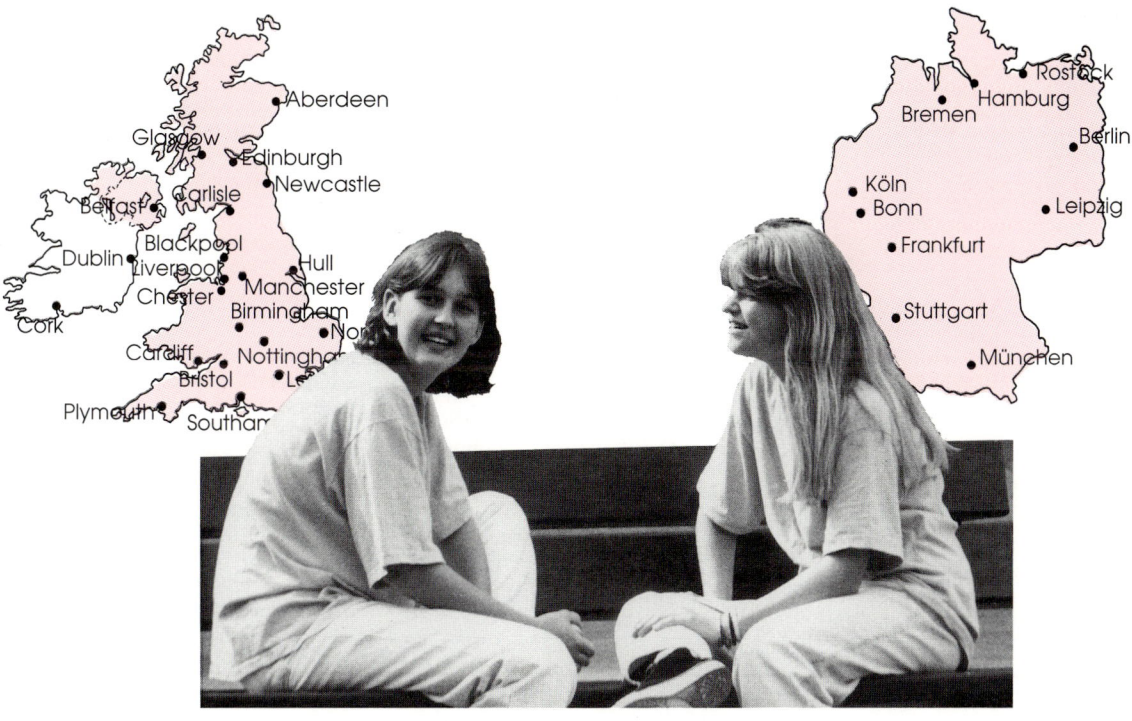

Übung 1   Und du?

Hast du schon einmal an einem Austausch teilgenommen?
Wenn nicht, dann denk dir die Antworten aus!

1. In welches Land bist du gefahren?
2. Kannst du das Haus und die Umgebung beschreiben?
3. Hast du dich mit deinem Austauschpartner/deiner Partnerin gut verstanden?
4. Kannst du ihn/sie beschreiben?
5. Bist du mit ihm/ihr in die Schule gegangen?
6. Was hast du in der Schule gemacht?
7. Hast du dich in der Familie wohlgefühlt?
8. Kannst du jedes Mitglied der Familie beschreiben?
9. Habt ihr Ausflüge gemacht? Wohin?
10. Welche Sehenswürdigkeiten hast du gesehen?

eins

Liebe Anna!

Es tut mir leid, daß ich Dir so lange nicht geschrieben habe, ich habe schon ein richtig schlechtes Gewissen.

Jetzt muß ich allerdings schreiben, damit Du keinen Brief an die falsche Adresse schickst: wir ziehen nämlich um!

Also: Du erinnerst Dich an meine Großeltern, die in Siegburg wohnten? Mein Großvater ist leider im Oktober gestorben – richtig gesund war er ja schon lange nicht mehr, aber es ist doch sehr plötzlich gekommen. Eigentlich hatte er nur eine Erkältung: Ein bißchen Husten und Schnupfen, aber nicht einmal Fieber. Aber er hat sich davon einfach nicht wieder erholt. Nach ein paar Wochen kam dann hohes Fieber dazu und er mußte ins Krankenhaus, wo man ihm alle möglichen Spritzen gegeben hat, aber das hat auch nichts mehr geholfen.

Nun stand meine Oma alleine da: sie konnte und wollte nicht in dem großen Haus alleine wohnen bleiben und meinte auch, daß sie sich unmöglich um den Garten kümmern könnte. Zuerst wollte sie sich eine kleine Wohnung mieten, aber zu Weihnachten sagte sie dann plötzlich, sie würde gerne zu uns ziehen.

Aber dazu wäre unsere Wohnung natürlich zu klein. Also haben wir mit der Häusersuche angefangen. Letzte Woche haben meine Eltern nun den Mietvertrag unterschrieben: Wir ziehen in ein Einfamilienhaus mit Einliegerwohnung für die Großmutter. Sie ist damit sehr zufrieden und wir auch. Am zufriedensten ist übrigens meine Tante Agnes, die Schwester meines Vaters. Sie ist nämlich seit kurzem geschieden und hatte große Angst, daß die Oma mit ihr zusammenziehen wollte, weil sie ja nun auch alleine ist.

Das neue Haus ist toll. Es hat einen großen Garten mit einem schönen Rasen und vielen Gemüsebeeten und einer geräumigen Terrasse. Das Wohnzimmer ist auch sehr schön groß und – jetzt bist Du sicher überrascht – es gibt sogar einen Kamin! Und Du dachtest, so was gäbe es nur in England! Jetzt müssen meine Eltern herausfinden, wo man hier Kohle kaufen kann.

So, und nun will ich Dich wirklich neidisch machen: Ich bekomme nicht nur mein eigenes Zimmer (sonst wäre ich auch ziemlich sauer geworden!) sondern auch mein eigenes Badezimmer, komplett mit Waschbecken, Klo, und einer kleinen Badewanne. Jetzt kann sich keiner mehr beschweren, wenn ich mir jeden Tag die Haare wasche!

Mein Zimmer hat übrigens nicht weniger als acht Steckdosen. Jetzt kann ich Stereoanlage, Fernseher und Fön gleichzeitig laufen lassen, falls ich dazu Lust haben sollte. Tapeten und Teppich darf ich mir selbst aussuchen, und im Herbst wollen mir meine Eltern auch neue Möbel kaufen. Mir geht es doch gut, oder?

Und wie findest Du es, daß ich Dir diesen Brief auf einem Computer schreibe? Er ist das neueste Spielzeug meiner Eltern, sie haben ihn sich zu Weihnachten geschenkt. Und das Textverarbeitungsprogramm ist kinderleicht, wie Du siehst!

Ich lege meine neue Adresse bei, damit Du mir auf diesen Brief auch antworten kannst.

Bitte grüße Deine Eltern und Deinen Bruder schön von mir!

Tschüs Deine Karin

Übung 2 — Beantworte die Fragen!

1. Was ist im Oktober geschehen?
2. Was für eine Krankheit hatte der Großvater?
3. Was weißt du über das Haus der Oma?
4. Was für ein Haus mieten Karins Eltern?
5. Ist Tante Agnes verheiratet?
6. Beschreibe den Garten des neuen Hauses!
7. Was müssen Karins Eltern jetzt kaufen?
8. Beschreibe Karins Badezimmer!
9. Wie oft wäscht Karin ihre Haare?
10. Welche elektrischen Geräte hat sie?

Übung 3 — Wie sagt man…?

1. I am sorry that…
2. I have a guilty conscience.
3. We are moving house.
4. Injections.
5. She is very happy with…
6. Fireplace.
7. Now I'm sure you'll be surprised.
8. Now I will make you really envious.
9. Now nobody can complain.
10. Electrical sockets.

Übung 4

Deine Eltern verstehen kein Deutsch. Sie möchten aber wissen, was Karin geschrieben hat. Kannst du den Brief sinngemäß auf Englisch wiedergeben?

Übung 5 — Und du? Interview deine Mitschüler!

1. Kannst du euer Haus (eure Wohnung) und euren Garten beschreiben?
2. Hast du dein eigenes Zimmer und wie gefällt es dir?
3. Beschreibe dein Zimmer! Sage etwas über Möbel, Tapeten, Teppich und Bilder.
4. Wer hat die Möbel ausgesucht und seit wann hast du sie?
5. Was für elektrische Geräte hast du?
6. Was würdest du dir gerne für dein Zimmer kaufen?
7. Beschreibe euer Wohnzimmer (euer Eßzimmer, eure Küche usw.).
8. In was für einer Gegend liegt das Haus (die Wohnung)?
9. Was für Probleme hat die Gegend?
10. Was können Jugendliche in deiner Gegend machen?

Übung 6   Beschreibe diese Häuser!

Beispiel

Es ist ein Doppelhaus. Es hat drei Stockwerke. Es ist ziemlich modern und sehr groß. Es hat einen Garten neben und vor dem Haus und eine Garage rechts vom Haus.

Übung 7   Kannst du den Plan zeichnen?

Als der Immobilienmakler Karins Eltern durch das Haus führte, hat er es folgendermaßen beschrieben.

Versuche, nach diesen Angaben den Plan des Erdgeschoßes fertig zu zeichnen! (Schreibe nicht ins Buch!)

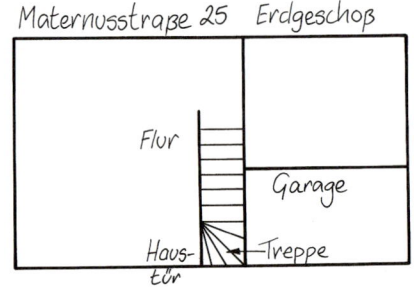

Fangen wir hier links mit der Tür zur Toilette an. Daneben sehen Sie die Garderobe. Der erste Raum hier links ist das Arbeitszimmer – wegen der Doppelverglasung hören Sie keinen Straßenlärm. Am Ende des Flures auf der linken Seite ist die Tür zur Küche, wenn Sie mir bitte folgen würden. Sie ist mit den modernsten Geräten ausgestattet – hier wird Ihnen das Arbeiten bestimmt Spaß machen. Hier rechts gehts dann ins Eßzimmer; wie Sie sehen, kann man es entweder von der Küche oder vom Wohnzimmer aus betreten. Hier haben Sie eine phantastische Aussicht auf Ihren Garten und auf die weitere Umgebung – es ist eine wirklich angenehme Wohngegend. Hier rechts betreten Sie nun das Wohnzimmer: ein sehr großzügig zugeschnittener Raum mit einem offenen Kamin für gemütliche Winterabende, aber das Haus hat selbstverständlich auch eine Zentralheizung. Nun kommen wir wieder in den Flur, wie Sie sehen, gegenüber der Garderobe. Die Tür unter der Treppe hier ist die Verbindungstür zur Einliegerwohnung. Wenn Sie mir bitte folgen...

Übung 8   Arbeite mit einem Partner oder einer Partnerin zusammen!

Du hast einen Gast. Ihr sitzt im Wohnzimmer. Erkläre deinem Gast den Weg vom Wohnzimmer zu den folgenden Stellen. Dein Gast sagt:

1. Ich muß mal aufs Klo.
2. Darf ich zu Hause anrufen?
3. Ja, ich hätte gern eine Cola. Ich hole sie selbst. Wo ist der Kühlschrank?
4. Wo soll ich schlafen?
5. Ich helfe dir beim Tischdecken. Wo sind die Sachen?

Übung 9   Welches Wort gehört nicht dazu?

1.	Küche	Arbeitszimmer	Garderobe	Wohnzimmer
2.	Haus	Wohnung	Einliegerwohnung	Wohnzimmer
3.	gegenüber	großzügig	gemütlich	phantastisch
4.	entweder	gegenüber	neben	unten
5.	Gerät	Zimmer	Treppe	Flur
6.	gestorben	gesund	zufrieden	glücklich
7.	geschieden	verheiratet	ledig	neidisch

Mietgesuche

Junge Hündin mit zwei Erw. und zwei Ki. (5/1) sucht für 1. 12. oder später 4- bis 5-Zimmerwhg. oder Haus in Gerolstein od. Umgebung zu mieten, Te., 06591-7255, 19–21 Uhr

Jg. Ehepaar mit Baby sucht zum Herbst '89 3-3½-Zi.-Whg. mit Blk. oder Garten bis DM1200.-incl. ☎ 904 33 83

DM 1000.-Belohnung! Paar ohne Ki., ruh., sucht ruh. 3-Zi.-Whg., ca. 75–85m², DM1000.-bis 1300.- ☎ 08106/77 16 ab 18 Uhr

Ehep. (Informatiker/Lehrerin) mit Kind ab Juni sucht drgd. 3-4-zi,-Whg. im Raum Haar/Vater-stetten ☎ 834 99 43 od. 2105 8160

Kaufgesuche

Bauernhof oder Altbau mit Nebengebäuden und Garten zu kaufen gesucht, ca. 20 km um Euskirchen, Tel. 02440-1366

Übung 10   Gemischte Wörter. Was gehört zusammen?

1. Doppel — wanne
2. Zentral — zimmer
3. Aus — wohnung
4. Arbeits — gebung
5. Verbindungs — tür
6. Um — sicht
7. Wohn — verglasung
8. Einlieger — heizung
9. Groß — gegend
10. Bade — eltern

Übung 11   Welcher Raum ist es?

1. Man bereitet hier das Essen vor.
2. Hier putzt man sich die Zähne.
3. Hier sitzt man und liest ein Buch.
4. Die Mäntel und Jacken hängen hier.
5. Hier steht ein Schreibtisch.
6. Gäste schlafen hier.
7. Hier geht man aufs Klo.

T-Shirts gegen Wohnungsnot

In Deutschland fehlen seit drei Jahren viele Wohnungen. Man muß sich schon etwas einfallen lassen, um eine Wohnung zu finden. Letzter Schrei: die „Suche Zimmer"-T-Shirts. Auf das T-Shirt ist eine Anzeige gedruckt. Praktisch: Man kann mit einem Filzstift ankreuzen, wie viele Zimmer man sucht.

1

Liebe Karin!

Es war toll, mal endlich wieder von Dir zu hören. Es tut mir sehr leid, daß Dein Opa gestorben ist. Er war mir sehr sympathisch, als ich ihn im Sommer kennenlernte.

Ich habe auch Neuigkeiten aus meiner Familie. Mein Bruder Jon hat sich verlobt! Wir hatten alle gedacht, daß er einmal Rita heiraten würde und waren sehr enttäuscht, als er sich von ihr trennte. Dann hat er ganz plötzlich ein anderes Mädchen nach Hause gebracht und nun wollen sie heiraten!

Es ist seltsam, aber Cheryl sieht Rita irgendwie ähnlich. Sie hat auch lange rotbraune Haare und eine Brille. Sie ist auch ziemlich schlank und mittelgroß. Aber wenn Jon hörte, daß wir die beiden vergleichen, würde er sehr zornig!

Im Charakter ist Cheryl allerdings ganz anders. Nicht schüchtern und nervös wie Rita, sondern lebhaft, manchmal frech, und immer gut gelaunt. Ich denke, daß ich mich mit ihr gut vertragen werde.

Wann die beiden heiraten, wissen wir noch nicht. Es gibt da nämlich noch ein Problem: Cheryls Familie ist katholisch und möchte eine katholische Hochzeit, und wie Du weißt, sind meine Eltern Methodisten. Das wird noch einige Diskussionen geben.

Wie lebt es sich mit der Oma im Haus? Bitte schreibe mir bald wieder und erzähle mir vom Leben im neuen Haus.

Viele Grüße, auch an Deine Eltern und Oma

Deine Anna

Übung 12 Wie sagt man…?

1. I liked him.
2. I have news too.
3. He has got engaged.
4. To marry, get married.
5. We were very disappointed.
6. He would be very angry.
7. Her character is very different.
8. Shy.
9. Lively.
10. Cheeky.
11. Always in a good mood.
12. I will get on with her.
13. We don't know yet.
14. A wedding.

> Vor vielen Jahren war'n
> 2 Käfer auf der Autobahn.
>
> Ein kurzer Flirt,
> ein schneller Blick,
> die Heirat war genauso chic.
>
> Drei Kinder wuchsen munter auf,
> die Zeit verging im Dauerlauf.
>
> Die Geschicht ist hier nun aus,
> die Silberhochzeit steht ins Haus.
>
> Alles Liebe und viel Glück
> Kathy, Gerald und Sascha

«Wir haben uns verlobt.»

«Wir haben geheiratet.»

«Wir haben Nachwuchs.»

Wir heiraten am 2. August 1991

**Heike   Stephan
Buchholz Jahns**

Berlingang 4, 2418 Bäk

Polterabend am 31. Juli 1991
ab 19.30 Uhr im Gemeindehaus Bäk

Kirchliche Trauung am 2. August
1991 um 12 Uhr in der Kirche
St. Georg auf dem Berge

Charaktereigenschaften

sympathisch	neutral	unsympathisch
intelligent		böse
		dumm
		blöd
		doof
ehrlich		unehrlich
höflich	frech	unhöflich
gut gelaunt		schlecht gelaunt
fleißig	lebhaft	faul
freundlich		unfreundlich
glücklich		unglücklich
lustig		launisch
fröhlich		zornig
	nervös	
	neugierig	
	schüchtern	
unternehmungslustig		
geduldig		ungeduldig
zufrieden		unzufrieden
		gemein

Beispiele

Ich komme mit meiner Schwester gut aus. Sie ist meistens gut gelaunt und fröhlich.

Ich kann meinen Mathematiklehrer nicht leiden, weil er ungeduldig und oft gemein ist.

Übung 13   Und du? Interview deine Mitschüler!

1. Hast du Geschwister? Beschreibe sie.
2. Ist einer von ihnen verlobt oder verheiratet oder sind sie ledig?
3. Beschreibe den Charakter deines Bruders oder deiner Schwester. Kommt ihr gut miteinander aus?
4. Kommst du gut mit deinen Eltern aus? Warum (nicht)?
5. Leben deine Großeltern noch? Wenn ja, sage, wo sie wohnen, wie alt sie sind, und beschreibe sie.
6. Beschreibe den Charakter von jemandem, der dir unsympathisch ist.
7. Beschreibe deinen besten Freund/deine beste Freundin.
8. Welche Charaktereigenschaften findest du in einem Freund/einer Freundin wichtig?
9. Beschreibe deinen Traumpartner/deine Traumpartnerin.
10. Gehört deine Familie einer Religionsgemeinschaft an?

Übung 14   Sieh dir die Heiratsanzeigen an!

Dein älterer Bruder und deine ältere Schwester verstehen kein Deutsch. Sie möchten aber wissen, wie Markus und Isabell aussehen, und was sie in ihrer Freizeit machen.

HEIRATSANZEIGEN männlich

Markus, 22 J., 180 cm, ist ein sympathischer, gutaussehender junger Mann, der es beruflich schon weit gebracht hat. In seiner Freizeit treibt er gern Sport oder geht ins Kino. Er sucht „Dich", ein natürliches, einfaches Mädchen mit Herz u. Sinn für eine harmonische Partnerschaft. Bitte melde Dich, ruf einfach an: ☎ 089/2285046 tägl.

HEIRATSANZEIGEN weiblich

Isabell, 22 J., 165 cm, mit einer schlanken Figur u. schulterlangen blonden Haaren. Ich bin frei u. ungebunden, habe einen netten Bekanntenkreis, schätze mein gemütliches Zuhause, spiele Squash u. gehe gern schwimmen. Mein Beruf als Verkäuferin macht mir Spaß. In meinen Jeans fühle ich mich besonders wohl, aber trage auch gern einmal ein hübsches Kleid. Meine Sehnsucht nach einer ehrlichen Partnerschaft mit Vertrauen u. Verständnis ist leider noch nicht erfüllt worden. Ich habe nach Dir ges., bisher leider ohne Erfolg. Hab Mut u. ruf einfach an: ☎ 089/2285046 tägl. auch Sa./So.,

Das ist meine Schulklasse!

Geburtstag: 26.5.1977
Sternzeichen: Zwilling
Geburtsort: Paderborn
Größe: 165 cm
Augenfarbe: grau-blau-grün
Haarfarbe: blond
Unveränderl. Kennzeichen: Narbe
Vor- und Zuname: Miriam Schäfer
Anschrift: Falsener Weg 23, 4790 Paderborn
Telefon: 05251/64361
Meine Lieblingsfarbe: grün, lila, rot, blau, grau
Mein Lieblingstier: Hund, Pferd, Vogel
Mein Lieblingsgericht: Spagetti, Pizza, Pommes
Mein liebster Schriftsteller:
Meine Lieblingsbücher: Funny Fanny, Behalt das Leben lieb, Big Red

Hobbys: Radfahren, Orgel spielen
Sportarten: Schwimmen, Reiten, Radfahren
Mein Lieblingssportler: Steffi Graf
Meine liebste Freizeitbeschäftigung: lesen, Freunde
Mein liebster Song: wechselt immer
Meine Lieblingsstars: Phil Collins, Michael Jackson
Und das wünsche ich Dir: Daß du dir deine Wünsche erfüllen kannst
Miriam Schäfer

„Kann mir einer von euch sagen, was das Morgengrauen ist?" fragt der Lehrer.
Eine Weile Schweigen. Dann meldet sich ein Junge: „Das ist das Grauen, das man empfindet, wenn man morgens zur Schule muß."

Mit solch einem Buch macht die Schule mehr Spaß! Alle deine Klassenkameraden und Lehrer können sich hier eintragen und dir etwas von sich verraten – ihre Hobbys, ihre Lieblingsstars, ihre Sternzeichen usw.

DEINE STERNE
für die Woche vom 22.12. – 28.12.

Viele glauben fest an Horoskope.
Die meisten aber sicher nicht.
Aber es macht Spaß, in die Zukunft zu sehen.
Kennt ihr eure Sternbilder?
Kennt ihr euren günstigen Tag und eure Glückszahl?

Steffi Graf
14. 6. 1969

ZWILLINGE 21.5 – 21.6.
Du hast gute Chancen, eine versteckte Anmache könnte dabei sein! Eine nahestehende Person ist Dir gegenüber unerwartet großzügig! Jemand wartet auf Dein Ja in einer wichtigen Sache! Konkurrenz gibt auf!

STECKBRIEF DER WOCHE

Bürgerlicher Name: Sealhenry Samuel
Geburtstag: 19. Februar 1963
Geburtsort: London (Stadtteil Paddington), England
Größe: 1,98 Meter
Gewicht: 83 kg
Haarfarbe: Schwarzbraun
Augenfarbe: Schwarzbraun
Familie: Seine Mutter arbeitet als Pflegerin in einem Krankenhaus und wohnt mit seinen vier jüngeren Brüdern im Norden Londons. Sein Vater starb vor zehn Jahren. Ursprünglich kamen seine Eltern aus West-Afrika, aber seine Großeltern mütterlicherseits stammten aus Brasilien. Seine ältere Schwester lebt in Nigeria.
Hobbys: Motorradfahren, sammelt Seehunde (Seals) in allen Variationen. „Jeder denkt, daß die Porzellanfigürchen und Stofftiere aufgrund meines Namens ein ideales Geschenk sind." Liebt das Landleben
Motorrad: Honda VS 750 (will sich ein Auto kaufen)
Besonderes: Die exotische Rastafrisur hat er nicht extra kreiert. „Ich war es leid, jeden Morgen meine Haare zu kämmen. Nach dem Waschen unter der Dusche habe ich sie einfach getrocknet und dann sind sie so geworden. Die Silberstücke und Steine in meinem Haar haben mir Leute bei meinem Aufenthalt in Thailand zum erstenmal hineingeflochten." Alle seine Haare sind echt, ohne künstliche Teile. Die Narben in seinem Gesicht sind durch Akne entstanden. Ist überzeugter Vegetarier. Sein Silberschmuck, den er reichlich trägt, wird für ihn exklusiv in der Boutique „Cromehearts" in Los Angeles angefertigt. Sein bester Freund ist Adamski, für dessen Hit „Killer" er Co-Autor und Sänger war. Elvis Presley ist sein Idol
Werdegang: Besuchte eine Zeitlang das South East London College und studierte Elektronik und Architektur. Er selbst wollte immer nur Sänger werden, aber die nigerianische Seite seiner Familie legte großen Wert auf eine solide Ausbildung. Danach jobbte er als Stikkerboy und entwarf Klamotten für einen Shop namens „Paul Forte". Schließlich bekam er seinen ersten Plattenvertrag
Singles: 1991 „Crazy", „Future Love Paradise", „The Beginning"
LP: 1991 „Seal"
Autogrammadresse: Seal, P.O. Box 1837, London W10 4LF, England.

Foto: Wilfling, Rossi

BRAVO

Ihr HOROSKOP

WIDDER (21. 3.–20. 4.)

Liebe: Was Sie als rätselhaft empfinden, ist sehr ernst gemeint. Jemand bemüht sich um Sie und sucht nun nach den richtigen Worten. **Beruf:** Eine absolut ruhige Zeit. **Allgemeines:** Gönnen Sie sich mehr Schlaf! Günstiger Tag: Sonntag. Glückszahl: 28

STIER (21. 4.–20. 5.)

Liebe: In einer Beziehung weht ein frischer Wind. Nutzen Sie jede Gelegenheit, noch bestehende Unklarheiten zu beseitigen. **Beruf:** Halten Sie am Bewährten fest. **Allgemeines:** Sie sind allen Situationen durchaus gewachsen. Günstiger Tag: Dienstag. Glückszahl: 33

ZWILLINGE (21. 5.–21. 6.)

Liebe: Turbulent wird es in dieser Woche zugehen, Sie werden manche Auseinandersetzung überstehen müssen. **Beruf:** Ihre Idee wird Schule machen. **Allgemeines:** Ihre Kreativität wird Ihnen manchen Bewunderer bringen. Günstiger Tag: Freitag. Glückszahl: 13

KREBS (22. 6.–22. 7.)

Liebe: Toleranz des Partners ist kein Freibrief. **Beruf:** Auch wenn Sie jetzt arbeitsmäßig alles hinwerfen möchten, es hilft nichts, Sie müssen weitermachen und durchhalten. **Allgemeines:** Sie leiden unter Streß. Günstiger Tag: Sonnabend. Glückszahl: 42

LÖWE (23. 7.–23. 8.)

Liebe: Spannungen werden nur von kurzer Dauer sein, es sei denn, Sie messen ihnen übermäßige Bedeutung bei. **Beruf:** Keine Angst vor Neuerungen, Sie schaffen es schon. **Allgemeines:** Sie fühlen sich in Hochform. Günstiger Tag: Donnerstag. Glückszahl: 8

JUNGFRAU (24. 8.–23. 9.)

Liebe: Es kommt nun darauf an, daß Sie im entscheidenden Moment das Richtige tun. **Beruf:** Sie setzen sich immer stärker durch. **Allgemeines:** Die Sorgen vergangener Wochen können nun endlich vergessen werden. Günstiger Tag: Montag. Glückszahl: 39

WAAGE (24. 9.–23. 10.)

Liebe: Sie dürfen in einer Angelegenheit nicht alles für bare Münze nehmen, was Ihnen zu Ohren kommt. **Beruf:** Sie kommen schnell voran. **Allgemeines:** Ihre Klugheit wird Sie verstärkt vor Schaden bewahren. Günstiger Tag: Mittwoch. Glückszahl: 4

SKORPION (24. 10.–22. 11.)

Liebe: Romantische Stunden stehen bevor. **Beruf:** Beruflich wird es eine problemgeladene Woche. Sie sichern sich aber eine Ausgangsposition für die kommende Zeit. **Allgemeines:** Sie werden vom Glück begünstigt. Günstiger Tag: Montag. Glückszahl: 27

SCHÜTZE (23. 11.–21. 12.)

Liebe: Es herrschen eitel Sonnenschein und Harmonie in Ihrem Gefühlsbereich. **Beruf:** Trauen Sie sich mehr zu, Sie können viel. **Allgemeines:** Sie helfen sich selbst am wenigsten damit, wenn Sie dauernd klagen. Günstiger Tag: Donnerstag. Glückszahl: 12

STEINBOCK (22. 12.–20. 1.)

Liebe: Sie kommen nun aus dem seelischen Zwang heraus. **Beruf:** Auch Sie dürfen sich ruhig einmal helfen lassen. Das tut Ihrem Image keinen Abbruch. **Allgemeines:** Ein Brief bringt eine willkommene Änderung. Günstiger Tag: Sonnabend. Glückszahl: 46

WASSERMANN (21. 1.–19. 2.)

Liebe: Etwas Zank und Streit frischt die Liebe wieder auf. **Beruf:** Jeder auch noch so kleine Einsatz macht sich jetzt bezahlt. **Allgemeines:** Wenn Sie sich von Ihrer Umwelt überfordert fühlen, sagen Sie es ganz frei heraus. Günstiger Tag: Dienstag. Glückszahl: 15

FISCHE (20. 2.–20. 3.)

Liebe: Sie verstehen es, den Partner zu begeistern. **Beruf:** Verhindern Sie alles, was Ihnen in irgendeiner Form Ärger einbringen kann. **Allgemeines:** Es bietet sich eine Gelegenheit, einen Fehler wiedergutzumachen. Günstiger Tag: Sonntag. Glückszahl: 10

Liebe Anna!

Danke für Deinen Brief. Cheryl scheint ja sehr nett zu sein. Ich freue mich schon darauf, sie demnächst einmal kennenzulernen.
Du fragst, wie es sich mit der Oma im Haus lebt. Also, ich kann Dir sagen, einfach ist das nicht!
Zunächst mal ist die Oma nicht allein eingezogen, sondern hat ihren doofen Dackel mitgebracht. Der ist dauernd im Weg, bellt den ganzen Tag, und ich muß mich um ihn kümmern. Hast Du eine Ahnung, wieviel Zeit dabei draufgeht, wenn man täglich dreimal einen hungrigen Hund füttern und außerdem noch mit ihm spazieren gehen muß? Und einmal in der Woche muß ich ihn kämmen und bürsten. Am liebsten würde ich ihn rasieren, dann hätte ich wenigstens die Arbeit nicht, aber dann bekäme die Oma einen Herzanfall. Also, mein eigenes Pferd wäre mir doch erheblich lieber als so ein häßlicher Hund!
Aber das ist noch nicht das schlimmste. Der Oma paßt nämlich fast gar nichts, was ich mache. Sie findet, ich stehe zu spät auf und gehe zu spät ins Bett. Ich sehe zu viel fern, und zu viele Sendungen für "Erwachsene". Drei Stunden Hausaufgaben am Tag sind zu wenig, findet sie, ich soll mehr für die Schule tun. Daß ich einen Samstagsjob habe, findet sie ganz unmöglich: Zehn

Mark Taschengeld pro Woche seien genug, und ich brauchte nicht mehr Geld. Und daß ich als Kellnerin arbeite, gefällt ihr schon gar nicht. Lieber sollte ich zu Hause helfen, sagt sie. Dabei spüle ich jeden Mittag nach dem Mittagessen und räume mein Zimmer auf und putze es. Und ein paarmal habe ich schon Omas Einliegerwohnung für sie geputzt, aber sie hat sich nicht einmal richtig dafür bedankt.
Nur daß meine Stereoanlage zu laut ist, behauptet sie nicht. Vielleicht liegt das daran, daß sie schwerhörig ist?
Meine Eltern sagen, ich sollte Geduld mit ihr haben – sie würde sich sicher bald an das Leben ohne Opa gewöhnen und mich dann etwas weniger oft kritisieren. Ich hoffe, sie haben recht!

Viele Grüße an alle
bis bald
Deine Karin

Übung 15 Lies den Brief und beantworte diese Fragen!

1. Wie oft wird der Hund gefüttert?
2. Was macht Karin einmal in der Woche?
3. Welches Tier wäre ihr lieber?
4. Wie viele Stunden Hausaufgaben macht sie täglich?
5. Wieviel Taschengeld bekommt sie?
6. Was macht sie im Haushalt?

Übung 16 Beschreibe Karins Tagesablauf für einen Wochentag und einen Samstag!

Beispiel

An einem Wochentag steht Karin um sieben Uhr auf. Sie füttert den Hund und geht schnell mit ihm spazieren…

(Einige Einzelheiten stehen nicht in dem Brief. Du mußt sie erfinden.)

Was haben Sie gestern gemacht, Herr Bär?

Ich habe bis sieben Uhr geschlafen, dann hat der Wecker geklingelt, und ich bin aufgestanden.

Ich bin zum Klo gegangen, habe meine Zähne geputzt und habe mich geduscht. Dann habe ich mich angezogen.

Ich habe für meine Tochter und mich das Frühstück gemacht – Kaffee für mich, Kakao für Ursula, und Brötchen (mit Honig natürlich).

Um zwanzig vor acht sind wir zur Straßenbahnhaltestelle gegangen. Ursula ist in die Schule gefahren und ich zur Arbeit.

Ich bin um Viertel nach acht an meiner Arbeitsstelle angekommen. Ich bin der Zoodirektor.

Um halb elf habe ich eine Pause gemacht. Ich habe Kaffee getrunken und ein Stück Kuchen gegessen (Honigkuchen natürlich).

Ich habe einer Schulklasse den Zoo gezeigt. Sie haben die kleinen Elefanten am niedlichsten gefunden.

Um halb eins habe ich mich mit einer Kollegin vom Aquarium getroffen. Wir sind zum Essen in ein Restaurant gegangen. Wir haben eine große Salatschüssel gegessen und zum Nachtisch Eis (Honigeis natürlich). Es hat sehr gut geschmeckt.

Gestern habe ich schon nachmittags Feierabend gehabt, weil Freitag war. Ich habe meine Tochter von der Schule abgeholt, und wir sind einkaufen gegangen.

Am Nachmittag haben Ursula und ich die Höhle geputzt. Es hat zwei Stunden gedauert und Ursula hat mir sehr geholfen. Zur Belohnung hat sie eine Tüte Bonbons bekommen (Honigbonbons natürlich).

Um sieben Uhr haben wir zu Abend gegessen (Butterbrot mit Honig natürlich) und dabei die Nachrichten im Fernsehen gesehen: China hat England einen Panda verkauft!

Ich habe Ursula um acht Uhr ins Bett gebracht und ihr eine Geschichte vorgelesen. Sie heißt ,,Puh der Bär".

Danach habe ich mich ins Wohnzimmer gesetzt, Radio gehört und eine Flasche Wein getrunken (Honigwein natürlich).

Um elf Uhr bin ich ins Bett gegangen. Ich bin sehr müde gewesen.

Und was haben Sie heute vor, Herr Bär?

Heute muß ich leider zum Zahnarzt. Ich habe sehr starke Zahnschmerzen. (Das liegt am Honig natürlich).

Jürgens Tagebuch

> Dienstag, den 12.10.
>
> Ein ziemlich gräßlicher Tag: Krach mit Mutter und Ärger in der Schule.
> Ich bin wie immer um halb sieben aufgestanden, habe mich geduscht und mir die Zähne geputzt und wollte mich anziehen, aber meine Jeans waren nicht gebügelt! Mutter sagt, ich sollte meine eigenen Sachen bügeln. Also mußte ich das noch vor dem Frühstück machen, und habe das Bügelbrett stehengelassen. Danach habe ich beinahe den Bus um 20 nach 7 verpaßt.
> In der Schule: Ich hatte die Chemie-Hausaufgaben nicht gemacht (sie waren viel zu schwer, ich habe kein Wort verstanden) und muß sie nun für morgen drei mal abschreiben. Mist! Irene hat nicht mit mir gesprochen (ich habe immer noch den großen dicken Pickel mitten auf der Nase – ob es wohl daran liegt?) und Englisch war furchtbar langweilig!
> Herr Friederichs wollte mich nach der Schule wegen der Chemie-Hausaufgaben sehen – also habe ich den Bus verpaßt und war erst um 10 nach 2 zu Hause. Mutter war sauer, weil das Mittagessen kalt geworden war und weil das Bügelbrett seit heute morgen im Wohnzimmer stand.
> Wenigstens ist Achim am Nachmittag gekommen und hat mir mit der Chemie geholfen.
> Heute abend war nichts Vernünftiges im Fernsehen: „Lindenstraße" wird immer kindischer und der Krimi war doof.
> Jetzt ist es 20 vor 11 – ich gehe ins Bett.

Übung 17   Und du? Interview deine Mitschüler!

1. Wann bist du heute morgen aufgestanden?
2. Was hast du gemacht, bevor du zur Schule gekommen bist?
3. Wie und wann bist du zur Schule gekommen?
4. Hast du ein Haustier? (Wenn ja: Wer kümmert sich darum?)
5. Wie hilfst du deinen Eltern im Haushalt? Wer kocht bei euch, wer spült und wer putzt?
6. Welche Arbeiten machst du gerne und welche machst du nicht gerne? Warum?
7. Ist dein Zimmer immer ordentlich aufgeräumt? Wer räumt es auf?
8. Wie viele Stunden Hausaufgaben machst du pro Tag?
9. Bekommst du Taschengeld und findest du, daß es genug ist? Was kaufst du dir für dein Geld?
10. Hast du einen Job? (Wenn ja: beschreibe, was du machst und was du verdienst.)
11. Kritisieren dich deine Eltern oder Großeltern viel? Was sagen sie?
12. Was machst du an einem normalen Abend?
13. Was hast du am letzten Wochenende gemacht?
14. Was sind deine Eltern von Beruf? Wie viele Stunden arbeiten sie pro Woche? Machen sie ihre Arbeit gern?

Übung 18   Dein Tagebuch

Stell dir vor, du führst ein Tagebuch. Beschreibe einen normalen Dienstag und einen normalen Samstag oder Sonntag, beide vom Aufstehen bis zum Schlafengehen. Das Beispiel oben hilft dir vielleicht.

Axels Dienst

Zivildienstleistende, kurz „Zivis" genannt, lehnen den Kriegsdienst mit der Waffe aus Gewissensgründen ab. Statt 15 Monaten Bundeswehr machen sie 20 Monate Dienst in einer sozialen Einrichtung. Axel Brodde, zwanzig Jahre, ist einer von ihnen. Der Dortmunder arbeitet im Erna-David-Zentrum, einem Altenpflegeheim.

6.00 Uhr

Das frühe Aufstehen ist nicht leicht. Nach dem Frühstück, mit zwei Broten im Bauch, geht es schon besser. Ich fahre mit dem Fahrrad ins Heim.

6.30 Uhr

Ich habe Frühdienst. Ich gehe durch die Zimmer. Die meisten Leute sind schon wach. Manche führe ich zur Toilette, helfe beim Waschen und beim Anziehen. In den ersten zwei Monaten bin ich ganz oft mit den anderen Pflegern mitgegangen, um alles zu lernen. Heute kenne ich die alten Menschen und ihre Eigenarten. Die kennen mich natürlich auch.

9.00 Uhr

Es gibt Frühstück. Ich teile Kaffee aus und schmiere Brote. Ich gehe zu den Alten und Schwachen und füttere sie.

9.30 Uhr

Jetzt habe ich selbst Frühstückspause. Ich schmiere mir ein paar Brötchen und setze mich mit den Kollegen zusammen. Als Zivi frühstücke ich im Heim und esse dort auch Mittag. Ich kann auch im Heim wohnen. Aber meine Eltern leben nur zwei Kilometer vom Heim weg. Darum bin ich nicht umgezogen.

11.40 Uhr

Wenn ich Zeit habe, rede ich mit den Leuten. Sie erzählen von früher. Manche sind geistig durcheinander. Sie reden von ihren Eltern und fragen, wann sie abholen. Auf einem Lehrgang hat man uns erzählt, daß man in Schichten lernt. Im Alter baut man diese Schichten wieder ab. Einzelgespräche finde ich sinnvoll. Leider hat man zu wenig Zeit dazu.

13.00 Uhr

Dienstschluß. Die Kollegen der Spätschicht lösen uns ab. Es ist ziemlich hart, in der Altenpflege zu arbeiten. Die Schulzeit war viel lockerer. Jetzt muß ich oft am Wochenende ran. Ich habe nur einen freien Tag pro Woche und bekomme 400 Mark im Monat. Ein Sozialarbeiter verdient ungefähr 1800 Mark. Aber ich habe ein gutes Gefühl. Die alten Menschen sind wie gute Bekannte. Sie brauchen Hilfe und sind auch dankbar dafür. Ich nehme meine Arbeit im Heim sehr ernst. Nächstenliebe ist ein Prinzip, das ich wichtig finde – für alles, was man tut.

13.30 Uhr

Nach dem Mittagessen ist mein Dienst zu Ende. Meistens fahre ich gleich zu meiner Freundin Natalie. Wir kennen uns schon seit vier Jahren. Ich kann ihr alles erzählen, von der Arbeit und so. Das hilft mir sehr.

16.00 Uhr

Täglich übe ich eine Stunde Schlagzeug. Ich will das richtig gut lernen und spiele mit Freunden in der Band „Emergency Call". Zweimal in der Woche üben wir in einem Raum der Kirche.

17.30 Uhr

Ich bin Christ und engagiere mich in der Gemeinde. Das hat vor Jahren angefangen. Alle Jugendlichen trafen sich damals in der Teestube der Kirche. Wir haben dort in der Bibel gelesen und diskutiert. Sonntags gehe ich nicht in die Kirche. Aber ich besuche eine Meditationsgruppe.

20.00 Uhr

Ich habe Zeit für die Fernseh-Nachrichten. Ich finde gut, was der Gorbatschow gemacht hat. Der hat angefangen umzudenken. Das habe ich auch gesagt, als ich meine Entscheidung für den Zivildienst begründen mußte. Ich finde Sozialdienst wie zum Beispiel Altenarbeit sinnvoll. Gewaltfrei zu leben ist für mich ein Ideal. „Du sollst nicht töten" steht in der Bibel. Das ist ganz wichtig für mich.

Eine ziemlich verrückte Idee

> Eigentlich schreibe ich Dir heute, weil ich eine ziemlich verrückte Idee habe: Hättest Du Lust, zu Ostern nach Berlin zu fahren? Ich habe nämlich drei Wochen Ferien (Du hast wahrscheinlich nur zwei?) und ich möchte gerne einmal Berlin sehen, jetzt, wo die Mauer weg ist. Würde Dir das Spaß machen? Ich hätte in der Woche direkt nach Ostern Zeit, also von Ostermontag an, vielleicht für sechs Tage.
> Machst Du mit? Meine Eltern sagen, daß sie es mir erlauben würden, wenn Du mitkommst. Alleine fahren darf ich nicht, das sei zu gefährlich, sagen sie.
> Bitte schreibe bald und sage, was Du von meiner Idee hältst.
>
> Viele Grüße
> Deine
> Karin

Frau Buchmann:	Hier Buchmann.
Anna:	Tag, Frau Buchmann. Hier ist Anna Hornby. Kann ich mal schnell die Karin sprechen?
Frau Buchmann:	Guten Abend, Anna! Was für eine schöne Überraschung. Moment mal. (Karin!!! Anna am Telefon!) So, sie kommt sofort. Geht es dir gut, Anna? Und deinen Eltern auch?
Anna:	Ja, danke, und ich soll Grüße bestellen.
Frau Buchmann:	Danke, Anna, Grüße bitte von mir zurück. So, hier ist Karin.
Karin:	Hallo, Anna! Toll, daß du anrufst. Hast du deine Eltern gefragt?
Anna:	Ja, und… ich darf! Also zunächst waren sie ja nicht sehr begeistert. Berlin ist zu weit weg, haben sie gesagt, und für zwei Mädchen in unserem Alter viel zu gefährlich. Und so weiter, und so weiter! Na, du kannst es dir sicher vorstellen. Aber ich habe so lange weiter gefragt, bis sie schließlich nachgegeben haben. Nur wegen meiner Reise haben sie etwas Angst. Am liebsten würden sie mich als Paket schicken, damit mir nichts passiert!
Karin:	Also, Anna, das ist Klasse. Ich freue mich schon riesig darauf. Morgen gehe ich ins Reisebüro und finde raus, wie wir am besten fahren. Meinst du, es ist für dich besser, zuerst hierher zu fahren und dann gemeinsam weiter? Oder wird das zu teuer? Vielleicht kannst du ja auch von Nottingham nach Berlin fliegen? Oder kostet das zuviel?
Anna:	Am besten gehe ich morgen auch gleich ins Reisebüro. Und sobald ich etwas weiß, rufe ich dich wieder an.
Karin:	Okay, tu das. Ich hoffe, ich höre bald von dir.
Anna:	Bis dann also. Tschüs!
Karin:	Tschüs!

Übung 1   Wie sagt man…?

1. I have a rather silly idea.
2. Would you like…?
3. Would you enjoy that?
4. Will you come along?
5. Can I have a word with…?
6. What a nice surprise!
7. Just a minute!
8. It is great to hear from you.
9. They were not keen.
10. Far too dangerous.
11. That's great.
12. I am really looking forward to it.
13. Will that be too expensive?
14. I'll ring you again.
15. I hope to hear from you soon.

Übung 2   Beantworte die Fragen!

1. Wann möchte Karin nach Berlin fahren?
2. Wie lang sind ihre Ferien?
3. Warum möchte sie nach Berlin fahren?
4. Erlauben Karins Eltern die Reise?
5. Wie viele Tage hat Karin Zeit?
6. Warum darf Karin nicht alleine fahren?
7. Warum waren Annas Eltern zuerst nicht für Karins Idee?
8. Warum haben sie schließlich nachgegeben?
9. Warum haben sie noch etwas Angst?
10. Wie kann Anna reisen?

Alle Wege führen nach Berlin

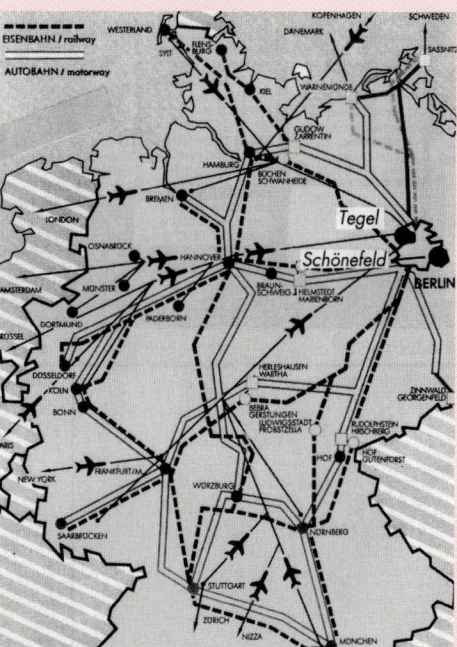

Mit dem Flugzeug
Täglich landen zahlreiche Linienflugzeuge auf dem Flughafen Berlin-Tegel. Direkte Flugverbindungen bestehen unter anderem mit Amsterdam, Bremen, Düsseldorf, Frankfurt, London, München, Paris und Zürich. Der Flughafen im Osten der Stadt heißt Berlin-Schönefeld. Er verbindet Berlin mit den wichtigsten Städten im Osten.

Mit dem Bus
Man kann mit einer Gruppe oder auf eigene Faust reisen: Linienbusse fahren bis zum Omnibusbahnhof am Funkturm, mitten in der Berliner City. Alle Reisebüros geben Auskünfte über die günstigsten und schnellsten Busverbindungen

Mit der Bahn
Platzkarten und Reservierungen für Schlaf- und Liegewagen bestellt man bei den Reisebüros und der Deutschen Bundesbahn.

Mit dem Auto
Höchstgeschwindigkeiten für Pkw auf dem Gebiet der früheren DDR: Autobahnen 100 km/h, Fernstraßen 80 km/h, Ortschaften 50 km/h.

Günstige Berlin-Angebote
Die Deutsche Bundesbahn bietet im Rahmen ihres Städtereisen-Programms preisgünstige Berlinfahrten an. Informationen über günstige Angebote und eine Vorausschau auf alle wichtigen Ereignisse bekommt man vom Verkehrsamt Berlin.

Zimmerbestellungen
Zimmer bestellt man direkt bei den Hotels und Pensionen, über ein Reisebüro oder schriftlich über das Verkehrsamt Berlin, D-1000 Berlin 30, Europa-Center.

BerlinienBus
Täglich Soltau–Berlin im Luxusbus
Einzelfahrt DM 70,–
Hin- und Rückfahrt DM 122,–
Attraktive Ermäßigung für Gruppen, Junioren, Senioren.
Fragen Sie Ihr Reisebüro oder Tel: (030) 33 10 31

Übung 3   Schreibe einen Brief!

Stell dir vor, du möchtest von Köln nach Berlin reisen, und zwar entweder mit dem Flugzeug, oder mit der Bahn, oder mit dem Reisebus. Schreibe einen Brief an ein Reisebüro!

Wilson Travel

J. H. WILSON (TRAVEL) LTD
Reg. Office: 50 FRONT STREET, ARNOLD, NOTTINGHAM NG5 7EL
Telephone Nottm. 207575 (4 lines)

Directors:
J. H. Wilson (Managing), H. E. Wilson, M.Inst.T.T.
Regn. No. 971547 (England)   VAT Regn. No 117 5359 67

Our Ref: PNC/ESE

Miss Anna Hornby
17, Cambridge Crescent
Woodthorpe
Nottingham
NG5 7EN.

Dear Miss Hornby

Further to your recent telephone call I have pleasure in outlining the following options for travel to Berlin.

<u>Coach</u>

Outward Mon/Wed/Thurs/Fri - dep. 19.00 - arr. 18.30 (following day)
Return Mon/Wed/Sat/Sun - dep. 11.00 - arr. 10.00

<u>Air</u>

Dep. Birmingham/Berlin Mon to Fri 10.15 - arr. 13.00
Dep. Berlin/Birmingham Mon to Fri 14.20 - arr. 15.15
Total cost £173.00 staying Saturday night in Germany and booking 7 days in advance

Dep. Heathrow/Berlin
   Sat & Sun   07.35 - arr. 11.35
   Mon to Sat 08.00 - arr. 11.35
   Mon/Fri/Sun 12.45 - arr. 15.30
   Daily   15.30 - arr. 18.15

Dep. Berlin/Heathrow
   Daily   09.05 - arr. 10.00
   Mon/Fri/Sun 12.25 - arr. 13.20
   Daily   19.00 - arr. 20.00

Total cost £151.00 staying Saturday night in Germany and booking 7 days in advance.

I trust the above will be of assistance to you and look forward to hearing further from you in due course.

Yours faithfully,
J. H. WILSON (TRAVEL) LTD.

P. N. Connell
<u>General Manager</u>

Übung 4 Beantworte die Fragen und

1. Wann kann man nach Berlin fahren?
2. Wann kommt man in Berlin an?
3. Wann kann man zurückfahren?
4. Was kostet die Rückfahrkarte?

A Abfahrt Nottingham mit dem Reisebus.
B Abflug Birmingham.
C Abflug Heathrow.
D Abflug Köln/Bonn.
E Abfahrt Köln Hauptbahnhof.

Frl Karin Buchmann

Maternusstraße 25
5000 Köln 1

Reisebüro Sonnenschein

Übierring 23
5000 Köln 1

Sehr geehrtes Fräulein Buchmann!

Wir bedanken uns für Ihre telefonische Anfrage und schicken Ihnen, wie versprochen, unsere Auskunft in schriftlicher Form.

Flüge Köln/Bonn - Berlin

Abflug Köln/Bonn täglich 09.13, Ankunft Berlin 10.10
                      17.20   18.17
Abflug Berlin täglich 07.23, Ankunft Köln/Bonn 08.19
                      13.45   14.41
                      21.03   22.00

Rückflugpreis: DM 295,- pro Person

Zugverbindungen Köln HBF - Berlin Bahnhof Zoo

Abfahrt Köln HBF täglich 05.30, Ankunft Berlin Bh Zoo 11.04
                         08.13   13.52
                         14.12   20.10
                         17.23   22.12
sonntags zusätzlich   15.54   21.12
Abfahrt Berlin Bh Zoo täglich 07.12, Ankunft Köln HBF 12.45
                              10.00   15.30
                              18.20   23.54
samstags/sonntags zusätzlich 14.07   19.47

Für Auskunft über Sonderzüge während der Osterzeit wenden Sie sich bitte direkt an die Deutsche Bundesbahn.

Rückfahrkarte: DM 134,27 pro Person

Bitte buchen Sie rechtzeitig!

Mit freundlichen Grüßen

Petra Roden

Petra Roden

vergleiche die verschiedenen Reisemöglichkeiten!

5. Wann muß Anna buchen und an welchem Tag muß sie in Berlin übernachten, wenn sie fliegt?
6. Wann soll Karin buchen, wenn sie mit dem Zug fährt?
7. Welche Reise ist die teuerste/billigste/schnellste/langsamste?
8. Wie kann Karin wohl zum Flughafen Köln/Bonn und vom Berliner Flughafen zur Stadtmitte fahren?

2

Anna: Nottingham 53621.
Karin: Hallo, ist das Anna? Karin hier.
Anna: Karin, hallo! Wie geht's? Hast du von deinem Reisebüro gehört?
Karin: Ja, ich habe den Brief hier.
Anna: Welche Route ist denn die schnellste?
Karin: …
Anna: Und was kostet das?
Karin: … DM
Anna: Oh, das ist zu teuer! Wie geht es denn billiger?
Karin: …
Anna: Und wie lange dauert das?
Karin: … (… Stunden)
Anna: Und was kostet die Zugfahrkarte?
Karin: … DM
Anna: Gibt es auch einen Reisebus?
Karin: … (7½ Stunden)
Anna: Und wie willst du nun fahren?
Karin: …

Marlene Dietrich – Ich hab noch einen Koffer in Berlin

Ich hab noch einen Koffer in Berlin
Deswegen muß ich nächstens wieder hin
Die Seligkeiten
vergangener Zeiten
Sind alle noch in meinem kleinen Koffer drin.

Ich hab noch einen Koffer in Berlin
Der bleibt auch dort und das hat seinen Sinn
Auf diese Weise
lohnt sich die Reise
Denn wenn ich Sehnsucht hab, dann fahr ich wieder hin.

Wunderschön ist's in Paris
auf der Rue Madeleine
Schön ist es, im Maienrot
durch die Stadt zu gehn.
Oder eine Sommernacht
still beim Wein in Wien
Doch ich denk, wenn ihr auch lacht,
heut noch an Berlin.

Ich hab noch einen Koffer in Berlin.
Deswegen muß ich nächstens wieder hin.
Die Seligkeiten
vergangener Zeiten
Sind alle noch in meinem kleinen Koffer drin.

Ich hab noch einen Koffer in Berlin
Der bleibt auch dort und das hat seinen Sinn
Auf diese Weise
lohnt sich die Reise
Denn wenn ich Sehnsucht hab, dann fahr ich wieder hin,

denn ich hab noch einen Koffer in Berlin.

Übung 5   Arbeite mit einem Partner oder einer Partnerin zusammen!

Jetzt hat auch Anna die Information von ihrem Reisebüro erhalten. Lies den Brief auf Seite 16 und erfinde das nächste Telefongespräch zwischen Anna und Karin! (Verwende das unfertige Gespräch oben!)

Übung 6   Eine Reise buchen

Dies ist ein Brief an ein Reisebüro, mit der Bitte um Buchung. Lies ihn durch und schreibe dann einen ähnlichen Brief, in dem Karin ihre Eisenbahnkarte bucht und ihren Platz reserviert. Sie möchte

  08.13   18.4.92

```
An das                          Hermann Schwiechert
Reisebüro Sonnentouren          Universitätsstraße 17
Schildergasse 32                6000 Frankfurt 1
6000 Frankfurt 1
                                         23. 5. 92
Sehr geehrte Damen und Herren!

Ich beabsichtige, am 13. Juni von Frankfurt nach Hamburg zu
reisen und möchte gerne meine Fahrkarte im voraus buchen.
Ich möchte um 11.10 Uhr abfahren, so daß ich um 15.34 Uhr in
Hamburg ankomme. Bitte reservieren Sie einen Fensterplatz in
einem Raucherabteil, Erster Klasse.
Bitte schicken Sie die Fahrkarte mit Ihrer Rechnung an die
obige Adresse.
Mit herzlichem Dank für Ihre Mühe
                                         Ihr Hermann Schwiechert
```

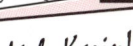

Liebe Karin!

Nur ganz kurz: Ich fliege direkt von Birmingham nach Berlin. Das ist zwar teurer, aber es ist meinen Eltern lieber so. Sie zahlen mir die Hälfte des Flugpreises!
Abflug in Birmingham 10.15.
Ankunft Flughafen Tegel 13.00
Besorgst du uns ein Zimmer in einer Pension?
Und holst Du mich am Flughafen ab?
Tschüs
Deine Anna

Karin Buchmann
Maternusstr. 25
5000 Köln 1
Germany

Übung 7   Beantworte die Fragen!

1. Warum fliegt Anna, anstatt mit dem Zug zu fahren?
2. Wer bezahlt die Flugkarte?
3. Wann fliegt sie ab und wann landet sie?
4. Wo wollen Anna und Karin übernachten?
5. Wo wollen sie sich in Berlin treffen?

Aus dem Berliner Hotelverzeichnis

Vom Berliner Verkehrsamt hat Karin sich ein Hotelverzeichnis schicken lassen.

Erklärung der Piktogramme:

 Zimmerservice Schwimmbad im Hause Tennis

 Zimmertelefon Außenschwimmbad Tennishalle

 Radio im Zimmer Sauna Golfplatz

 Fernseher im Zimmer Fernsehraum Reiten

 Einrichtungen für Behinderte Konferenzraum Parkplatz (hauseigen)

 Hunde erlaubt Lift Eigene Garage

 Bar Wäscheservice Historisches Gebäude

 Diätküche Kegeln/Bowling Zusammenarbeit mit Reisebüros

 Kur Segeln

EZ = Einzelzimmer   DZ = Doppelzimmer   FLW = Zimmer mit fließend Wasser

---

Hotelpension Am Lehniner Platz
Damaschkestr. 4, Berlin 31
Tel 3 23 42 82. 3 23 62 78. Fax 3 23 93 59.

P ★

23 DU
6 FLW

96 Betten

EZ 60.-/65.-
DZ 98.-/110.-
Gruppenpreis
Mehrbettzi 39.- p P.
incl. Frühstücksbüfett

Hotelpension Arco
Kurfürstendamm 30, Berlin 15
Tel 8 82 63 88. Fax 8 81 99 02.
Btx 8 81 99 02

P ★★★

6 DU/WC
10 DU
4 FLW

37 Betten

EZ 60.-/110.-
DZ 90.-/142.-
incl. Frühstück

Hotel-Pension ARKA-Halensee
Kurfürstendamm 103/104, Berlin 31
Tel 8 92 98 88. Fax 8 91 97 83.
Btx * ARKA #

P ★★

22 DU
24 FLW

81 Betten

EZ 50.-/75.-
DZ 105.-/135.-
incl. Frühstück

Hotelpension Austria
Rankestr. 26, Berlin 30
Tel 2 13 60 18/19. Fax 2 13 17 18.

P ★★

5 Bad/WC
2 DU/WC
2 DU
7 FLW

50 Betten

EZ 80.-/95.-
DZ 110.-/140.-
incl. Frühstücksbüfett

---

2 Sterne - ordentlich, mit ausreichendem Wohnkomfort

Hotel - allgemein
Zweckmäßig. Qualitativ ausreichende Ausstattung.
Insgesamt ordentlicher Allgemeinzustand. Zumindest zwei Gemeinschaftsräume: Restaurant/Speisesaal/Getränkeausschank (in Hotel garni Frühstücksraum) sowie Aufenthaltsraum und/oder Bereich beim Empfang. Mindestens 1/3 der Zimmer mit Bad/WC oder Dusche/WC. Ausreichend gemeinschaftliche Sanitärräume für Zimmer ohne Bad, Dusche, WC.

Hotel - Zimmer
Klein. Qualitativ ausreichende Ausstattung.
Zweckmäßig eingerichtet. Betten beherrschendes Element. Je Bett zumindest eine Sitzmöglichkeit. Außerdem Tisch oder Frisier-/Schreibplatte. Stauraum und Beleuchtung ausreichend.
Meist kleine separate Naßzelle mit Dusche und WC. Oder Fließwasser und ordentliche Duschkabine im Zimmer.

Karin sucht eine Pension. Sie möchte ein Doppelzimmer mit Bad und Toilette buchen. Karin zieht ein Frühstücksbuffet einem normalen Frühstück vor. Die Pension sollte im Zentrum liegen, also in den Stadtteilen Berlin 30 oder 31.

HOTEL Tiergarten

35 Zimmer, Kabel-TV, Telefon, DU/WC, eigene Parkplätze, Frühstücksbüffet.
Neu: auch Nichtraucherzimmer

Alt-Moabit 89 • 1 Berlin 21 • Fax 030/393 86 92
Tel. 030/392 10 27

HOTEL BÖRSE

im Herzen der City 80 Betten alle Zimmer Bad/Dusche.
WC Radio. Selbstwahl-Telefon

Kurfürstendamm 34, 1000 Berlin 15. Tel. 8 81 30 21

Hotel Charlot
am Kurfürstendamm

Zimmer tw. mit Bad oder Du/WC und TV
Durchwahltelefon • Hotel-Bar
Aufenthaltsraum mit TV • Fahrstuhl
und hoteleigene Parkplätze auf dem Hof
Giesebrechtstr. 17 • Tel. 323 40 51/52
Fax 030/324 08 19
1000 Berlin 12 (Charlottenburg)
Beste Verkehrsverbindungen zum Messegelände
U-Bhf. Adenauerplatz, S-Bhf. Charlottenburg
Bus 109 direkt zum Flughafen Tegel

HOTEL SAVIGNY BERLIN

Brandenburgische Straße 21
1000 Berlin 31, Telefon (030) 881 30 03, Telex 184 053

Das ruhige und doch zentral gelegene Hotel garni, 500 m vom Ku'damm
100 Betten, Zimmer mit Telefon, teils mit Bad.
Kreditkarten EC, AE

2

Übung 8 — Kannst du die folgenden Ausdrücke auf Deutsch erklären?

1. Hunde erlaubt.
2. Außenschwimmbad.
3. Fernsehraum.
4. Konferenzraum.
5. Eigene Garage.

Übung 9 — Wie sagt man…?

1. Common rooms.
2. Recreation room.
3. Area.
4. Adequate furnishing.
5. Lighting.

Übung 10 — Welche Pension sollte Karin wählen?

Schreibe Karins Brief an die Pension. Karin bestellt ein Doppelzimmer mit Bad und Toilette, für fünf Nächte, vom 18. bis zum 23. April. Karin hat zwei zusätzliche Fragen: Sie möchte wissen, wie weit die nächste U-Bahnstation von der Pension entfernt liegt und ob man in der Pension auch zu Mittag oder zu Abend essen kann.

Übung 11 — Beantworte die Fragen!

1. Wie viele Betten haben die verschiedenen Pensionen auf Seite 20?
2. Wie viele Zimmer mit Dusche haben sie?
3. Wie heißt die billigste/die teuerste Pension?
4. Was bieten die verschiedenen Pensionen?
5. Welche Pension würdest du wählen? Warum?

Übung 12 — Hotels

1. Welche Möglichkeiten bietet jedes Hotel?
2. Welches Hotel würdest du vorziehen? Warum?

einundzwanzig

2

Karin und Anna hätten natürlich auch in einer Jugendherberge übernachten können, oder in einem Jugendgästehaus.

JUGENDGÄSTEHAUS BERLIN

Lage

Das Jugendgästehaus liegt im Stadtbezirk Tiergarten in unmittelbarer Nähe des Kulturforums (Nationalgalerie, Philharmonie, Staatsbibliothek), nur wenige Minuten Fußweg vom größten innerstädtischen Park Berlins entfernt, der dem Bezirk seinen Namen gegeben hat.

Das Haus

Das JGH verfügt über 364 Betten in Vier- bis Achtbett-Zimmern. Die Duschen und Toiletten befinden sich auf den Etagen. Gruppenleiter können in Zweibett-Zimmern untergebracht werden, Einzelzimmer stehen leider nicht zur Verfügung. Familienzimmer sind begrenzt vorhanden, sollten aber in jedem Fall vorher rechtzeitig reserviert werden.

Ein Mehrzwecksaal und Gruppenräume für 20 bis 100 Personen bieten Platz zur Durchführung von Tagungen und Lehrgängen.

Den Gästen stehen Schreib-, Lese- und Fernsehräume sowie Tischtennisplatten außerhalb des Hauses zur Verfügung.

Freizeit

Der Fahrradverleih des JGH ermöglicht die individuelle Erkundung des Tiergartens und der Umgebung per „Stahlroß". Zur Erholung oder spielerischen Entspannung lädt eine ausgedehnte, zum Haus gehörende Rasenfläche ein.

Die Citylage des JGH eröffnet den Gästen vielfältige Freizeitangebote. Die Museumsinsel mit dem weltberühmten Pergamonmuseum, die Cafes, Kinos und Diskotheken der westlichen City und die bunte, alternative Szene und Kulturmischung Kreuzbergs: alles liegt im Umkreis weniger Kilometer.

Ausflüge

Eine Fülle historischer und kultureller Stätten liegen in unmittelbarer Fußwegentfernung des JGH. Kreuzberg mit seinen spezifischen Strukturen alternativer Kultur liegt nur ein paar U-Bahnstationen entfernt.

Die günstigen Verkehrsverbindungen (Bushaltestelle vor der Tür und U-Bahnhof fünf Minuten Fußweg entfernt) und die innerstädtische Lage des JGH prägen seine besondere Eignung für Einzelgäste und Gruppen, die Berlin als lebhafte Metropole kennenlernen wollen, kulturelle oder historische Aspekte in den Mittelpunkt ihres Aufenthaltes stellen möchten und dabei kurze Wege schätzen.

Übung 13 Wie sagt man…?

1. Location, situation.
2. In direct proximity, immediately next to.
3. Only a few minutes on foot.
4. Single rooms are unfortunately not available.
5. They should be booked in good time.
6. A multi-purpose room.
7. Outside the building.
8. Bicycle hire.
9. Recreation.
10. Diverse leisure activities.
11. World famous.
12. It is all situated within an area of a few kilometres.
13. Convenient traffic connections.
14. A bus stop outside the front door.
15. To get to know Berlin as a lively metropolis.

Jugendgästehäuser haben noch Betten frei!

Übernachtung
in Einzel- und Mehrbettzimmern
inclusive Bettwäsche und Frühstück DM 35,–

Jugendgästehaus Tegel Telefon (0 30) 4 33 30 46
Ziekowstr. 161 Telefax (0 30) 4 34 50 63
1000 Berlin 27
Parkplatz für Busse am Haus.

Jugendgästehaus Nordufer Telefon (0 30) 4 51 70 30
Nordufer 28 Telefax (0 30) 4 52 41 00
1000 Berlin 65
Parkplatz für Busse am Haus.

Das **Jugendgästehaus Tegel** liegt im grünen Norden Berlins, am Rande des Tegler Forstes.

Autobahnabfahrt Waidmannsluster Damm.

Alle Zimmer sind modern eingerichtet und haben überwiegend Kalt- und Warmwasser. Neue Sanitärräume, einschließlich Begleiterduschen.

Wir bieten Ihnen Frühstück und Abendessen. Auf Wunsch vermitteln wir Ihnen gerne ein preiswertes Mittagessen.

Damit Sie in Ihrer Freizeitgestaltung zeitlich ungebunden sind, erhalten Sie einen Hausschlüssel.

Im Haus finden Sie Aufenthalts- und Tagungsräume:
– Tischtennisraum
– Freizeitraum
– Begleiterseminarraum
– Fernsehzimmer

Wir würden uns freuen, Sie bald als Gäste begrüßen zu können.

Das **Jugendgästehaus Nordufer** liegt am Plötzensee.

Autobahnabfahrt Seestraße.

Das Haus verfügt über 38 Zimmer mit insgesamt 130 Betten.

Alle Räume, vom Einzelzimmer bis zum Mehrbettzimmer, sind modern eingerichtet und haben fließend Kalt- und Warmwasser.

Sie erhalten einen Schlüssel für unser Haus, damit Sie in Ihrer Freizeitgestaltung ungebunden sind.

Wir bieten ihnen Vollpension mit abwechslungsreichen Mahlzeiten aus unserer Küche. Lunchpakete erhalten Sie auf Wunsch.

Unser Garten bietet zwei Tischtennisplatten, Billard und einen Grill mit einer rustikalen Sitzecke.

Im Sommer können Sie das Freibad Plötzensee, einen am Haus gelegenen Sportplatz sowie Fahrräder für eine Tagestour nutzen.

Wegbeschreibungen

zum Jugendgästehaus Tegel

U-Bahnlinie 9 bis Leopoldplatz, umsteigen in die U-Bahnlinie 6 bis U-Bahnhof Tegel, vor C & A in den Bus Linie 20, 4 Stationen.

Der Busfahrer ruft das Jugendgästehaus Tegel aus.

zum Jugendgästehaus Nordufer

U-Bahnlinie 9 bis Station Putlitzstraße, aus dem U-Bahnhof rechts, links über die Brücke, links in das Nordufer, von hier ca. 10–12 Minuten zu Fuß an der Fußgängerampel geradeaus.

Das Jugendgästehaus liegt in ruhiger Lage am Plötzensee.

Berlin: Geschichte und Sehenswürdigkeiten

KURZ-GESCHICHTE

1237 Die mittelalterliche Kaufmannssiedlung Cölln auf dem linken Spreeufer wird erstmals urkundlich erwähnt, 1244 folgt die gegenüberliegende Schwesterstadt Berlin.

1307 Vereinigung zur Doppelstadt Cölln-Berlin.

1486 Residenz des Kurfürsten von Brandenburg.

1709 Königlich-Preußische Residenzstadt.

1740 Regierungsantritt Friedrich des Großen. Berlin gewinnt als Hauptstadt europäischen Rang.

1871 Hauptstadt des Deutschen Reiches.

1918 Novemberrevolution, Ausrufung der Republik (9.11.).

1920 Ausweitung zur Einheitsgemeinde »Groß-Berlin« mit 20 Verwaltungsbezirken.

1933 Machtergreifung der Nationalsozialisten.

1936 XI. Olympische Sommerspiele.

1938 Reichspogromnacht (9.11.).

1945 Berlin wird Viermächtestadt.

1948 Die Sowjets kündigen die Zusammenarbeit mit den drei westlichen Besatzungsmächten auf, Beginn der elfmonatigen Blockade. Politische Teilung in West- und Ost-Berlin.

1953 Volksaufstand in Ost-Berlin und der DDR (17.6.).

1961 Gewaltsame Teilung der Stadt durch den Bau der Mauer (13.8.).

1971 Unterzeichnung des Viermächte-Abkommens.

1987 Getrennte 750-Jahr-Feiern in beiden Hälften der Stadt.

1989 Die Mauer fällt (9.11.), Wende in der DDR.

1990 Tag der Einheit (3.10.) und erste Sitzung einer gesamtdeutschen Volksvertretung seit 1933 im Reichstag (4.10.). Nach über 40 Jahren wieder Wahl eines Gesamtberliner Parlaments (2.12.).

Mit dem Fall der Mauer hat sich die Stadt »verdoppelt«. Die wiedervereinte Metropole findet ihren alten Weltstadt-Rhythmus. Überall gibt es Neues zu entdecken.

»Berlin ist eine Reise wert« – die Devise war niemals zuvor so aktuell wie heute. Hier erlebt man Geschichte live, jeder kann sagen: »Ich war dabei!«. Am Brandenburger Tor liegt die Nahtstelle, an der Deutschland zusammenwächst. Wer hier die Frage stellt: »Wo ist denn die Mauer?« bringt selbst gestandene Berliner in Verlegenheit. Gerade dort, wo Touristen früher das Symbol des Kalten Krieges besichtigen konnten, verschwand es besonders schnell. Die »Mauerspechte« haben ganze Arbeit geleistet: Jetzt nimmt man die Mauer stückchenweise mit nach Hause.

Wer in dieser schnellebigen Zeit die Stadt besucht, muß sich neu orientieren. Berlin ist mehr als die Summe beider Hälften.

WER NIEMALS TRÄUMT, VERSCHLÄFT SEIN LEBEN

HEUTE SCHON GELEBT?

Eine Frau ohne Mann ist wie ein Fisch ohne Fahrrad

Stell dir vor, du stellst dich vor und keiner stellt dich ein

STELL DIR VOR, ES GIBT KRIEG UND KEINER GEHT HIN

WER KEINE ANGST HAT, HAT KEINE PHANTASIE

Berliner Sehenswürdigkeiten

Übung 1   Was paßt zusammen?

Auf dieser Seite siehst du den Reichstag, die Gedächtniskirche, die Kongreßhalle, den Fernsehturm, die Siegessäule, das Olympiastadion, Schloß Charlottenburg und den Wannsee. Welcher Text gehört zu welchem Foto?

A   Von hier oben kann man weit über die Stadt sehen.

B   Ein Raumschiff? – Nein, hier finden Kongresse statt.

C   Dieses Gebäude wurde im Zweiten Weltkrieg zum Teil zerstört. Die Ruine mit dem neuen Turm ist heute ein Denkmal.

D   Er wurde im 19. Jahrhundert für das Parlament gebaut.

E   1695–1699 ließ Kurfürstin Sophie-Charlotte diese Sommerresidenz in einem ausgedehnten Park bauen.

F   Hier fand 1936 ein berühmter internationaler Wettkampf statt.

G   Ein Siegesdenkmal aus dem 19. Jahrhundert. Von oben hat man eine gute Aussicht.

H   Hier kann man schwimmen, segeln, und in der Sonne liegen.

...erleben Sie Berlin...

diese besondere Stadt, in der man Geschichte nicht nur sehen, sondern zur Zeit miterleben kann, auch auf eine besondere Art und Weise, bei strahlendem Sonnenschein

...in Eick's BUS-CABRIO.

Durch die sich so positiv veränderte politische Situation in Ost-Berlin ist es uns nun auch möglich unsere Fahrten nach Ost-Berlin auszudehnen, und Ihnen so völlig neue Fahrtrouten zu präsentieren.

Rundfahrt I — **West- und Ost-Berlin** —
Dauer ca. 2 Stunden DM24,–*

Diese Fahrt führt Sie durch die Bezirke Tiergarten, Berlin Mitte und Charlottenburg, vorbei an Elefantentor, ehemaligem Diplomatenviertel, Kulturforum mit Musikinstrumentenmuseum und Philharmonie, Magnetbahn, Potsdamer Platz.
Ost-Berlin: ehemaliger Gendarmenmarkt mit ehemaligem Schauspielhaus, Deutschem Dom und Französischem Dom, Friedrichstraße, Straße UNTER DEN LINDEN mit Alter Bibliothek, (Kommode), Deutsche Staatsbibliothek, Humboldt-Universität, Neue Wache, Deutsche Staatsoper, ehemaligem Zeughaus, St.-Hedwigs-Kathedrale, Palast der Republik und Berliner Dom, Alexanderplatz, Rotem Rathaus, Marienkirche, Fernsehturm, Museumsinsel mit Altem Museum, Nationalgalerie, Neuem Museum, Pergamonmuseum und Bode-Museum, Friedrichstadtpalast, Brandenburger Tor. Weiter im Westteil der Stadt, sowjetisches Ehrenmal, Reichstagsgebäude, Kongreßhalle, Schloß Bellevue, Siegessäule, Schloß Charlottenburg, Ku'damm ... und vieles mehr.

Rundfahrt II — **Berlin am Abend** —
Dauer ca. 1 Stunde und 30 Minuten DM20,–*

Ein ganz besonderes Angebot für Sie, Berlin zu erleben. Diese Fahrt, die nur an milden Sommerabenden angeboten wird, beginnt nach Einsetzen der Dunkelheit und führt Sie zu den beleuchteten Sehenswürdigkeiten unserer Stadt.

Rundfahrt I+II täglich, aber nur bei schönem Wetter.

*Kinder bis zum 12. Lebensjahr erhalten 50% Ermäßigung.

Ein ganz und gar ungewöhnliches Rundfahrt-Vergnügen wartet auf Sie täglich direkt vor der Gedächtniskirche, am Breitscheidplatz.

Unser historischer Zillebus mit offenem Oberdeck tourt mit Ihnen durch den Berliner Westen (Tour Nostalgie).
Oder zum Alex ins Herz des ehemaligen Ostberlin (Zille-Tour).

Die Tour Nostalgie beginnt täglich um 11 Uhr, um 12.30 Uhr, um 14 Uhr, um 15.30 Uhr und um 17 Uhr. An den Wochenenden zusätzlich Abendfahrten! Erwachsene zahlen 16 DM, Kinder die Hälfte.

Die Zille-Tour startet täglich um 11.15 Uhr, um 13.15 Uhr und um 15.15 Uhr und kostet 22 Mark für Erwachsene und 11 Mark für Kinder. Die Fahrkarten gibt's nur beim Schaffner. Viel Vergnügen!

Ein Berlin-Erlebnis besonderer Art: **Die knatternde, ratternde Dachterrasse.**

BVG

Berliner Verkehrs-Betriebe BVG
Zillebusse
Telefon (030) 256 70 39
Potsdamer Straße 188
1000 Berlin 30

Übung 2   Wie sagt man…?

1. To experience.
2. In a special way.
3. In radiant sunshine.
4. Completely new routes.
5. And much more.
6. A very special offer.
7. On mild summer evenings.
8. Darkness.
9. In good weather.
10. Directly in front of.
11. Into the heart of the former East Berlin.
12. Additional, supplementary.
13. From the conductor.
14. Enjoy yourself/selves!

Übung 3   Beantworte die Fragen!

1. Was kann man in dieser besonderen Stadt machen?
2. Was ist seit dem Abriß der Mauer jetzt möglich?
3. Wie lange dauern Rundfahrten I und II?
4. Was kosten Rundfahrten I und II?
5. Wer bezahlt die Hälfte?
6. Wann werden diese Rundfahrten angeboten?
7. Wo fahren die Rundfahrten mit dem Zillebus ab?
8. Kannst du den Zillebus beschreiben?
9. Was ist der Unterschied zwischen der Tour Nostalgie und der Zille-Tour?
10. Wann beginnt die Tour Nostalgie und was kostet sie?
11. Wann beginnt die Zille-Tour und was kostet sie?
12. Wo gibt es Fahrkarten?
13. Wann gibt es Abendfahrten?
14. Welche der vier Rundfahrten würdest du wählen? Warum?

3

Bevor man als Tourist in einer fremden Stadt ankommt, schreibt man am besten an das Verkehrsamt und bittet um Informationsbroschüren. Auf dieser Seite und auf Seiten 24 und 27 sind Ausschnitte aus Berliner Broschüren abgedruckt.

RAUF
Wer in Berlin hoch hinaus will, nimmt den Fahrstuhl ins Telecafé des Fernsehturms. 207 m über dem Alex dreht sich die Aussichtskugel um die eigene Achse. So eröffnet sich ein einmaliger Rundblick mit Fernsicht bis zu 40 km.

UND RUNTER
Ein weißes U auf blauem Grund führt hinab in die Welt der Berliner U-Bahnhöfe. Die Buddelei begann bereits 1896.

MOLLE
Eine «Molle zischen». So schwärmt der durstige Berliner von einem frisch gezapften Bier, dem Lokalgetränk an der Spree. Rund drei Millionen Hektoliter aller Sorten rinnen jährlich durch die Kehlen der Berliner und ihrer Gäste – soviel, als wenn sie den Wannsee ausgetrunken hätten.

RUND
Wenn gegen Ende des Konzerts 20.000 Wunderkerzen im Halbrund des Amphitheaters aufflammen, dann war der Abend in der Waldbühne eine runde Sache. Ob Rock, Pop, Klassik oder Oper: Bei Musikfans aller Richtungen gilt die Freilichtbühne neben dem Olympiastadion als einer der beliebtesten sommerlichen Veranstaltungsorte.

ROCK
Deutschlands Rock City liegt an der Spree. Wie kaum eine andere prägt die Rockszene mit Tausenden von Musikern die großstädtische Massenkultur Berlins. Der Senat fördert Nachwuchsbands, Spielstätten und Workshops durch einen Rockbeauftragten.

UND KU'DAMM
«Ohne Ku'damm keen Berlin», intonierten die Schöneberger Sängerknaben 1986 zum 100. Geburtstag des prominentesten aller deutschen Großstadtboulevards. Das Motto gilt auch für die nächsten hundert Jahre; ohne das weltstädtische Flair des Kurfürstendamm wäre Berlin nicht vorstellbar.

UND KORN
Korn wird in Berlin nicht nur getrunken, sondern auch geerntet. Rund 6.500 Hektar Ackerland am Stadtrand stehen noch unter dem Pflug. Berlin ist eben beides, Weltstadt und Riesendorf. Woher sollten sonst die 45 historischen Dorfkirchen stammen?

Sport in Berlin

Auch sportlich läuft alles bestens in Berlin. Der Berlin-Marathon ist längst ein Klassiker vom Rang etwa des New Yorker Lauf-Festivals geworden. Auf dem Platz der Republik drängen sich zu Tausenden die Enthusiasten, die es geschafft haben, eine der begehrten Startnummern zu erhalten. Hier geht die internationale Läufer-Prominenz ebenso an den Start wie das Heer der Freizeitsportler. Dabeisein und durchhalten ist alles auf der 42,195-Kilometer-Distanz quer durch die Stadt.

Viele haben sich das ganze Jahr über vorbereitet, bietet Berlin doch günstige Trainingsmöglichkeiten, etwa beim Jogging rund um den Grunewaldsee oder auf den zahlreichen Trimm-Dich-Pfaden der Stadt. Hunderttausende Berliner und deren Gäste säumen beim Berlin-Marathon die Straßen und belohnen mit ihrem Applaus den Einsatz der Läufer.

Beifall ist auch den Sportlern sicher, die am Internationalen Stadionfest (ISTAF) jedes Jahr im August teilnehmen. 20 Leichtathletikwettbewerbe locken das Publikum in Scharen ins Olympia-Stadion, wo immer wieder neue Rekorde zu beklatschen sind. Fußballfans kommen nicht nur beim Pokalendspiel auf ihre Kosten. Ein Höhepunkt im jährlichen Sportkalender ist auch das internationale Hallenturnier zu Jahresbeginn, das sich zu einem regelrechten Publikumsrenner entwickelt hat. Berlin ist eine Wasserball-Hochburg, die beim Städteturnier Ende Januar die internationale Elite beherbergt. Der Mai ist traditionsgemäß dem Tennisturnier der Damen vorbehalten.

Übung 4   Beantworte diese Fragen!

1. Was ist „Molle"?
2. Wie heißt die berühmteste Straße in Berlin?
3. Wann hat man angefangen, die Berliner U-Bahn zu bauen?
4. Was ist in der Kugel am Fernsehturm?
5. Was wächst in Berlin?
6. Was macht der „Rockbeauftragte" der Stadt Berlin?
7. Wo ist die Berliner „Waldbühne"?
8. An welchem Sportereignis nehmen jährlich Tausende teil?
9. Wo können Läufer in Berlin trainieren?
10. Für welche Sportarten gibt es Wettbewerbe:
    (a) im August?   (b) am Jahresanfang?   (c) im Mai?

Übung 5   Arbeite mit einem Partner/einer Partnerin zusammen!

Lest Seiten 24–28!

1. Du bereitest mit deinem Partner/deiner Partnerin einen Besuch in Berlin vor. Erkläre deinem Partner/deiner Partnerin, was du über:
   - (a) den Reichstag
   - (b) das Olympiastadion
   - (c) den Fernsehturm
   - (d) den Ku'damm

   weißt.

2. Macht eine Liste der Dinge, die man ansehen sollte, wenn man sich:
   - (a) für Sport
   - (b) für Kultur

   interessiert.

3. Ihr habt nur einen halben Tag in Berlin und könnt also nur vier Sehenswürdigkeiten sehen. Wähle sie aus und erkläre deinem Partner/deiner Partnerin, warum du sie gewählt hast.

4. Ihr arbeitet in einem Reisebüro. Welche Sehenswürdigkeiten empfehlt ihr:
   - (a) einer Schulklasse?
   - (b) einer Fußballmannschaft?
   - (c) einem Ingenieurstudenten?
   - (d) einer Familie mit drei kleinen Kindern?
   - (e) zwei alten Damen?

Berlin und sein Zoologischer Garten gehören zusammen!

An unsere Besucher:

Wir heißen Sie im Zoologischen Garten Berlin herzlich willkommen und wünschen Ihnen, daß Sie inmitten unserer Tiere erholsame und erlebnisreiche Stunden verbringen. Wir haben unser Bestes getan, damit Sie sich hier wohl fühlen. Besucher, die nach Ihnen kommen, sollen unseren Garten ebenso vorfinden wie Sie. Wir bitten Sie daher, folgendes zu beachten:

1. **Das Füttern ist grundsätzlich untersagt.** Bei über 3 Millionen Besuchern im Jahr würden, wenn jeder auch nur einen kleinen Brocken reicht, derartig große Futtermengen zusammenkommen, daß die Tiere Schaden nehmen müssen. Gut gemeintes, aber unkontrolliertes Füttern kann sogar den Tod zur Folge haben.

2. **Bitte necken Sie kein Tier!** Nicht nur nachts, sondern auch tagsüber brauchen Tiere Stunden, in denen sie sich ausruhen. Sie dürfen nicht erwarten, daß etwa ein Löwe gerade in dem Augenblick brüllt, wenn **Sie** an ihm vorübergehen. Bitte haben Sie Verständnis dafür und versuchen Sie nicht, ruhende Tiere durch Steine, Schneebälle und dergleichen aufzuscheuchen.

3. **Die Absperrungen sind zu Ihrem Schutz da.** Übersteigen Sie sie, begeben Sie sich mitunter in Lebensgefahr. Auch das Hinüberlangen mit Stöcken, Regenschirmen usw. kann böse Folgen haben. Jeglichen Anspruch auf Schadensersatz, der sich daraus ergibt, müssen wir ablehnen.

4. **Die Instandhaltung der Grünanlagen kostet Zeit und Geld.** Bitte betreten Sie keine Rasenflächen und Beete und achten Sie darauf, daß auch Ihre Kinder auf den Wegen bleiben. Das Abrupfen von Pflanzen muß unterbleiben. Für Abfälle und Papier stehen geeignete Behälter in genügender Zahl zur Verfügung.

5. **Unser Zoo soll eine Oase der Stille sein.** Lassen Sie daher bitte Ihr Kofferradio ausgeschaltet und vermeiden Sie vor allem in den Tierhäusern unnötigen Lärm, den andere Zoobesucher und Tiere als störend empfinden.

Fütterungszeiten: von April bis September

Robben 11.00, 14.00, 16.00; Pinguine 14.00; Eisbären 10.30; Menschenaffen 11.30 u. 15.30; Affenhaus 14.00, Raubtierhaus 15.30 außer montags, Flußpferde 17.30, Panda 15.00, Pelikane 14.15, Krokodile 15.30 Uhr montags.

Übung 6 Wie sagt man…?

1. Visitors.
2. Welcome.
3. Animals.
4. We have done our best.
5. To feel happy.
6. To feed.
7. Death.
8. To have a rest.
9. A lion.
10. Stones.
11. Snowballs.
12. In (mortal) danger.
13. Green areas.
14. To walk on.
15. Lawns.
16. Plants.
17. Rubbish, litter.
18. Switched off.
19. Noise.
20. Monkey house.

Übung 7 Sieh dir Seiten 30 und 31 an und beantworte die Fragen!

1. Wann wird der Garten geschlossen?
2. Was soll man nicht tun?
3. Welcher Bus fährt zum Zoo?
4. Was macht der Elefantenbulle?
5. Was ist der Unterschied zwischen indischen und afrikanischen Elefanten?
6. Wer hat dem Zoo die Giraffen geschenkt?
7. Was macht der Tiger in seinem Käfig?
8. Wie lange dauern die Führungen?
9. Wie viele Leute dürfen teilnehmen?
10. Was kostet eine Führung?

3

ZOO-Eintrittspreise:
(ab 1. 1. 1990)

Der Eintritt ist frei für Berliner Schulklassen (Bescheinigung des Schulleiters erforderlich) und Berliner Kindergärten (Vorlage des offiziellen Ausweises des Kindergärtners), jedoch nur an Wochentagen bis 14 Uhr.

Tageseintrittskarten
Einzelkarten

a) Erwachsene... DM 7,50
b) Studenten und Berufsschüler (gültige Semesterausweise, Schülerausweise mit Lichtbild erforderlich), Erwerbslose (gegen Vorlage des Ausweises) .... DM 6,50
c) Kinder von 3 bis einschließlich 13 Jahren sowie Schüler ab 14 Jahren (Schulausweise erforderlich), Sozialunterstützte gegen Vorlage der Ausweise.................. DM 4,—

Zoologischer Garten

Als er 1844 eröffnet wurde - damals außerhalb der Stadt zwischen Berlin und Charlottenburg - war er der erste Zoo in Deutschland. In den folgenden Jahrzehnten entwickelte er sich zu einem der reichhaltigsten Tiergärten Europas. Nach dem Krieg entstanden viele neue Tierhäuser und Freianlagen. In den 80-ger Jahren entstand u.a. ein großes Erweiterungsgelände jenseits des Landwehrkanals. Heute enthält der Zoo die umfangreichste Tiersammlung der Welt.

Besuchszeiten:

Der Zoo ist mit Ausnahme von Heiligabend täglich von 9.00 Uhr bis zum Anbruch der Dunkelheit, spätestens aber bis 18.30 Uhr geöffnet. Die Tierhäuser werden von April bis September um 18.00 Uhr, im März und vom 1. bis 15. Oktober um 17.30 Uhr, vom 16. Oktober bis 28. Februar um 16.45 Uhr geschlossen. Das Aquarium ist täglich von 9.00 bis 18.00 Uhr geöffnet.

Am 1. Januar 1990 besaß der Berliner Zoo

1617 Säugetiere	in 272 Arten	2948 Vögel	in 603 Arten
270 Reptilien	in 93 Arten	348 Amphibien	in 40 Arten
3158 Fische	in 396 Arten	7050 Wirbellose	in 266 Arten
	insgesamt also	15 391 Tiere	in 1670 Arten

Übung 8
Beantworte die Fragen!

1. Für wen ist der Eintritt frei?
2. Wer muß DM 6,50 bezahlen?
3. Wann ist der Zoo geöffnet?
4. An welchem Tag ist der Zoo geschlossen?
5. Wann sind die Tierhäuser geschlossen?
6. Wie viele Tiere besaß der Zoo am ersten Januar 1990?
7. Wie viele Arten von Vögeln besaß der Zoo am 1. Januar 1990?
8. Wann wurde der Zoo außerhalb der Stadt eröffnet?
9. Was enthält der Zoo heute?

Jugendliche stellen ihre Tiere vor

Deutsche Kinder und Jugendliche haben Haustiere gern. In vielen deutschen Kinderzimmern wohnen nicht nur Jungen und Mädchen, sondern auch Hunde, Katzen, Goldhamster, Meerschweinchen, Kanarienvögel, Wellensittiche und andere Tiere.

Alice, 14: „Meine Eltern haben mir Bo vor drei Jahren geschenkt. Ich habe ihnen damals versprochen, daß ich den Hund versorge. Das mache ich auch gern. Ich gehe jeden Tag fünf- bis sechsmal mit ihm spazieren. Das erste Mal schon vor der Schule. Bo gehört zur Familie. Ich kann mir nicht vorstellen, daß er irgendwann nicht mehr bei uns ist."

Nadine, 12: „Ich habe mein Kaninchen Cäsar von meinem Freund Tobias zum Geburtstag bekommen. Meine Eltern waren damit einverstanden. Weil Cäsar viel Dreck macht, wohnt er in einem alten Küchenschrank im Garten. Ich mache sein Häuschen sauber. Das macht mir nichts aus. Manche Leute schlachten ihre Kaninchen und essen sie dann. Das könnte ich niemals. Ich hätte gerne ganz viele Tiere. Später möchte ich Tierärztin werden."

Christoph, 12: „Unsere Katze heißt Jupp wie mein Vater. Ich mag Katzen am liebsten. Sie machen nicht so viel Arbeit wie andere Tiere. Jupp hat manchmal lebende Mäuse mit nach Hause gebracht. Die mußten wir dann einfangen. Aber das passiert jetzt nicht mehr so oft. Besonders toll ist, wenn Jupp und ich abends beim Fernsehen schmusen."

Heide, 14: „Ich habe leider kein eigenes Pferd. Aber ich gehe einmal in der Woche zum Reiterhof. Dort bekomme ich Reitunterricht. Wir reiten durchs Gelände und springen über Barrieren. Natürlich versorge ich die Pferde auch."

Übung 9 Beantworte die Fragen!

1. Was macht Alice gern?
2. Was macht sie jeden Tag?
3. Warum mag Christoph Katzen?
4. Was hat Jupp manchmal gemacht?
5. Was findet Christoph besonders toll?
6. Von wem hat Nadine ihr Kaninchen bekommen?
7. Wo wohnt Cäsar? Warum?
8. Was könnte Nadine niemals machen?
9. Was möchte sie werden?
10. Welches Haustier hat Heide?
11. Wie oft geht sie zum Reiterhof?
12. Was macht sie dort?

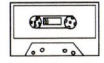

Übung 10 Und du?

1. Welchen Zoo hast du besucht?
2. Kannst du den Besuch beschreiben?
3. Welches Tier hat dir am besten gefallen? Warum?
4. Welche Haustiere hast du?
5. Kannst du deine Haustiere beschreiben?

Katersorgen

Unsere Katz hat Junge,
sieben an der Zahl,
sechs davon sind Hunde.
Das ist ein Skandal.
Doch der Kater spricht:
Die ernähr' ich nicht!
Diese zu ernähren,
ist nicht meine Pflicht!

Rosemarie Künzler-Behncke

Berlin ist eine Reise wert; und ganz besonders eine Seereise

Ein willkommes Veranstaltungsangebot sind die vielfältigen und vielversprechenden Offerten der zahlreichen Reedereien von Berlin. Es lohnt sich durchaus, einmal den festen Boden mit Schiffsplanken zu vertauschen und eine der zahlreichen Möglichkeiten zu nutzen, um Berlin auf dem Wasserweg kennenzulernen.

Wie Sie Berlin vom Schiff aus entdecken können, sagt Ihnen unter anderem die Stern und Kreisschiffahrt.

Kleine Havelseenfahrt
Bis zum 3.11.: ca. 2½ Std., täglich, ab/an Wannsee (Bhf.) - Kladow - Pfaueninsel - Moorlake - Glienicker Brücke - Potsdam und zurück.

Große Havelseenfahrt
Bis zum 6.10.: ca. 4 Std., täglich, auf Oberhavel und Unterhavel (zwischen Tegel, Pfaueninsel und Wannsee) - ab/an Wannsee (Bhf.) und Tegel/Greenwichpromenade.

7-Seen-Rundfahrt
Bis zum 3.11.: ca. 2 Std., täglich, ab/an Wannsee (Bhf.) - Kleiner Wannsee - Pohlesee - Stölpchensee - Bhf. Griebnitzsee - Glienicker Brücke - Jungfernsee - Großer Wannsee.

"Kreuzfahrten"
mit MS Havel Queen
Bis zum 13.10.: ca. 2 Std., täglich, Rundfahrt über Tegeler See und Oberhavel, ab/an Tegel/Greenwichpromenade.
14.-27.10.: ca. 2 Std., täglich, Rundfahrt über den Großen Wannsee und Unterhavel, ab/an Wannsee (Bhf.).

Ausflug nach Werder
Bis zum 22.9.: ca. 9 Std., täglich 10 Uhr ab/an Wannsee (Bhf.), 10.25 Uhr ab/an Tegel/Greenwichpromenade - Spandau/Lindenufer - Wannsee (Bhf.) - Potsdam - Caputh - Geltow - Werder und zurück.

Ausflug nach Marienlust
Bis zum 15.9.: ca. 6½ Std., täglich, ab/an Tempelhof, Stubenrauchbrücke - Britz (Delfter Ufer) - Köpenick (Luisenhain) - Müggelsee (Rübezahl) - Marienlust und zurück.

Den kompletten Fahrplan übersenden wir Ihnen kostenlos.

Unter den Brücken und auf den Kanälen Berlins
Bis zum 13.10.: täglich, 11.30 u. 15.30 Uhr (bis 1.9. auch 10.30 u. 14.30 Uhr), ab/an Schloßbrücke, Bonhoefferufer - Berlin-Mitte - Mühlendamm - Nikolai-Viertel - Reichstag - Schloßbrücke Charlottenburg. Ein Stadtbilderklärer erläutert die Geschichte der Stadt.

Mondschein- und Tanzfahrten
Bis zum 21.9.: jeden Sbd., 20 bis ca. 24 Uhr, ab/an Wannsee (Bhf.) und Tegel/Greenwichpromenade.

Western- & Country-Music
3.8.: 20 bis 24 Uhr, ab/an Wannsee (Bhf.).

Tanztee auf MS Havel Queen
Bis zum 22.9.: Sonn- u. Feiertags, 15.30 bis 18.30 Uhr, bis Hafen Hennigsdorf/Stolper Heide, ab/an Tegel/Greenwichpromenade.
8.9.: Herbst- und Wintermodenschau. Es spielt die Gerry-Belz-Band. Jeweils 15.30 bis 19.30 Uhr ab/an Tegel/Greenwichpromenade.

Show Boat
13. u. 20.7., 10. u. 31.8., 7.9., 5.10.: Erleben Sie eine tolle Show, wie früher auf den Mississippi-Raddampfern, 20 bis 24 Uhr, ab/an Tegel/Greenwichpromenade.

Wannsee in Flammen
27. u. 28.9.: Formationsfahrten mit Tanz und großem Höhenfeuerwerk, 19.30-24 Uhr, ab/an Anlegestelle Wannsee (Bhf.) und anderen Anlegestellen.

Wir wollen, daß Sie sich bei uns wohlfühlen.

Stern und Kreisschiffahrt
Sachtlebenstraße 60
1000 Berlin 37 ☎ 030/810 004-0

Stadtrundfahrten auf dem Wasser
Zunehmender Beliebtheit bei Touristen und auch bei den Berlinern selbst erfreuen sich Spree- und Kanal-Rundfahrten durch die wasserreiche Hauptstadt. Horst Duggen's 'Spreefahrt' bietet täglich drei verschiedene Touren von 2 bis 4 1/2 Stunden Dauer an, bei denen man - ganz ohne Stau - an frischer Luft und sehr geruhsam die alten und neuen Sehenswürdigkeiten Berlins aus einer anderen Perspektive kennenlernen kann. Start ist, täglich 9.45, 13 und 18 Uhr, immer an der Terrasse der Kongreßhalle in Tiergarten.

Tagesfahrten in die Mark Brandenburg
Mit Sonnenschutzmittel und Fotoapparat ist man bestens gerüstet für eine erholsame und kurzweilige Tagestour in die Mark Brandenburg. Die Reederei Bruno Winkler sticht jeden Donnerstag ab 9 Uhr in die Gewässer der Havel zu einem Ausflug nach Brandenburg und zurück. Aus dem großen Angebot hier noch ein besonderer Tip für Liebesleute und alle, die es werden wollen: die beliebten Mondscheinfahrten mit Musik und Tanz gibt es jeden Freitag und Sonnabend auf den Motorschiffen 'Hanseatic' oder 'Vaterland' jeweils von 20 bis 24 Uhr ab Tegel-Greenwichpromenade, eine Vorbestellung ist zu empfehlen.

Tanzvergnügen auf Havel und Spree
Überraschen Sie doch einmal Ihren Partner oder Ihre Partnerin mit der Einladung zu einer 'Mondschein- und Tanzfahrt'! Jeden Sonnabend startet um 20 Uhr ab Wannsee oder Tegel ein Motorschiff der Luxusklasse zu einer 4stündigen Sommernachtsfete. Eine Tanzkapelle, die freundliche Besatzung und ein aufmerksamer Gastronomie-Service garantieren eine fröhliche Tanznacht. Freunde von Western- und Country-Music sollten sich unbedingt den 3. August vormerken, denn ab 20 Uhr lädt die Gruppe 'Country Lee' an Bord der 'Havelstern' zu einer stimmungsvollen Musik-Nacht ein.

Die beliebte kurze Rundfahrt über Pfaueninsel/Glienicker Brücke

Wenn man solch eine Rundfahrt macht, sieht man schöne Landschaft, Wälder und Bäume und interessante Gebäude – Schlösser, Kirchen und Türme. Man sieht auch Ruderboote, Tretboote, Motorboote, Jachten, Flugzeuge und Hubschrauber und Vögel wie zum Beispiel Enten, Schwäne, Reiher und Möwen.

Reederverband
Brücke D Abfahrt zur
RUNDFAHRT ☞
Kladow, Pfaueninsel
durch die Glienicker Brücke u. zurück
Abfahrt **13:00** Uhr Kasse 3
M. S. Rheinland
Fahrzeit 1½ Std. hin u. zurück
Fahrpreis **6,50** DM

NEU Fünf-Seen-Rundfahrten über Potsdam

Abfahrten **täglich ab Wannsee**
Brücke D · Kasse III

ca. 2 Stunden (ohne Anhalt)
Abfahrt **10.55 / 11:00 UHR**
über Stölpchensee/Kleiner Wannsee/Griebnitzsee/Glienicker Brücke

ca. 1½ Stunden (ohne Anhalt)
Abfahrt **13:00 UHR**
Die beliebte kurze Rundfahrt über Pfaueninsel/Glienicker Brücke

ca. 2½ Stunden (ohne Anhalt)
Abfahrt **15:05 UHR**
Die Kaffeefahrt über Potsdam bis Templiner See und zurück

Alle Fahrten mit Erklärung
Telefon: Wannsee-Kasse 8 03 87 53

MS RHEINLAND
Reederei G. Krüger . Tel. 3 31 36 59

Die Glienicker Brücke verbindet über die Havel Berlin mit Potsdam. Die Brücke, eine Eisenkonstruktion aus den Jahren 1908/09, gewährt einen schön Blick auf die Havel und war vor der Maueröffnung ein beliebter Austauschpunkt von Spionen.

RHEINLAND
Reederei Krüger
Telefon 3 31 36 59
RUNDFAHRT
Brücke D
— Fahrpreis siehe Aushang —
Inkl. gesetzliche Mehrwertsteuer

Pfaueninsel
Heute steht die rund 1,5 km lange und 500 m breite Havelinsel unter Naturschutz. Nach Bedarf verkehrt eine Fähre (tgl. 8-20 Uhr). Sehenswert ist das Schloß, das Friedrich Wilhelm II für seine Geliebte errichten ließ.

Was man über Berlins

Auf zwei Inseln im Fluß Spree entstanden um 1200 zwei Dörfer: Berlin und Cölln. Sie wurden wichtige Handelsorte. 1432 wurden sie zu einer Stadt zusammengelegt. Sie wurde zur Residenzstadt der Kurfürsten und damit zur Hauptstadt von Preussen. Die Stadt war reich und wichtig. Hier lebten Händler und Beamte, Musiker und Autoren, und es gab eine Universität.

Zwischen 1700 und 1800 wurde Berlin eine der wichtigsten Städte Europas. Viele berühmte Sehenswürdigkeiten wurden zu der Zeit gebaut, unter anderem das Brandenburger Tor. 1871 wurde Berlin die Hauptstadt des Deutschen Reiches.

An die Ereignisse des Zwanzigsten Jahrhunderts können sich viele Berliner noch erinnern:

Ja, an 1933 kann ich mich noch gut erinnern – Hitler wurde Reichskanzler. Berlin war eine sehr große Stadt: Mit der Umgebung hatte Groß-Berlin 4 Millionen Einwohner. 1936 fanden hier die Olympischen Sommerspiele statt – ich saß im Stadion und sah, wie Jesse Owens die 100-Meter-Goldmedallie gewann!

1939 fing der Zweite Weltkrieg an: die Zerstörung war furchtbar. Eine Bombe hat unser Haus getroffen. Es brannte ab, und wir haben alles verloren. Nach dem Kriegsende 1945 war ich eine „Trümmerfrau": Wir haben in harter Arbeit und mit sehr wenig Werkzeug geholfen, Berlin wieder aufzubauen.

Deutschland wurde von den „Vier Mächten" Großbritannien, Frankreich, USA und Sowjetunion besiegt und in vier Teile aufgeteilt. Die Hauptstadt Berlin wurde auch aufgeteilt. Die vier Mächte wollten friedlich zusammenarbeiten, aber sie hatten verschiedene politische Systeme: Die USA, Frankreich und Großbritannien (die „Westmächte") waren demokratisch, und die Sowjetunion war kommunistisch. Die Westmächte wollten ein demokratisches Deutschland, und die Sowjetunion wollte ein kommunistisches Land.

Es war eine verrückte Zeit. Meine Schwester in Hannover wohnte in der englischen Zone, mein Bruder in Ost-Berlin in der sowjetischen Zone und ich hier in West-Berlin in der amerikanischen Zone. Wir hatten große Angst vor einer Teilung Deutschlands. Die Sowjets wollten die Amerikaner, Briten und Franzosen nicht in ihrer Zone haben, aber die Westmächte wollten Berlin nicht hergeben – Gott sei Dank, sonst wäre West-Berlin nämlich auch kommunistisch geworden.

Natürlich erinnere ich mich an die Blockade! Das war 1948 – die Sowjets wollten die Westmächte aus Berlin vertreiben und haben deshalb alle Straßen, Wasserwege und Eisenbahnschienen zwischen West-Deutschland und West-Berlin blockiert.
Plötzlich konnten wir nichts mehr kaufen… Es war schrecklich. Aber für den Westen wurde Berlin zu einem Symbol für Freiheit und Demokratie und die Westmächte haben geholfen. Sie haben in der „Luftbrücke" alles Notwendige nach Berlin geflogen, von der Kartoffel bis zur Kohle, elf Monate lang. Wir waren sehr dankbar! 1949 haben die Sowjets die Blockade beendet.

Geschichte wissen sollte

Die Blockade war der Anfang des „Kalten Krieges": Die beiden Großmächte USA und Sowjetunion mißtrauten sich und arbeiteten nicht zusammen. Viele Menschen hatten Angst vor einem neuen Krieg. 1953 gab es am 17. Juni eine große Demonstration gegen die kommunistische Regierung in Ost-Berlin und in der ganzen DDR. Viele Menschen zogen danach aus der DDR in die BRD, vor allem junge Leute mit guter Berufsausbildung.

Ich habe damals in Ost-Berlin demonstriert. Es war ein schlimmer Tag – es gab viele Tote! Danach bin ich mit meiner Familie nach West-Deutschland geflohen. Ich hatte eine gute Ausbildung als Heizungsmechaniker und konnte schnell Arbeit finden. Ich wollte, daß meine Kinder im Westen aufwachsen. Viele junge Familien sind damals geflohen.

1961? Das war das Jahr der Mauer. Über Nacht wurden Ost-Berlin und West-Berlin voneinander getrennt. Keiner konnte mehr in die andere Hälfte der Stadt. Einige Menschen haben es versucht und sind erschossen worden. Es war schrecklich – meine Eltern lebten ja in West-Berlin und zwei Jahre lang haben wir sie nicht gesehen. Die Kinder konnten nicht verstehen, warum ihre Oma und ihr Opa sie nicht mehr besuchen kamen! Aber 1963, zu Weihnachten, durften sie uns einen Tag lang besuchen. Danach wurde es langsam besser.

Politiker aus beiden Hälften Deutschlands trafen sich von 1970 an. Bald konnte man zwischen beiden Hälften Deutschlands und Berlins reisen, wenn man ein Visum hatte. Viele ausländische Politiker besuchten Berlin.

Ich war in meinem Leben noch nie im Westen gewesen, und nur einmal im Ausland – in Ungarn. Und dann wurde im November 1989 plötzlich die Mauer geöffnet: Um Mitternacht sind wir zu Fuß nach West-Berlin gegangen und haben uns die Schaufenster der Geschäfte angesehen, und am nächsten Tag sind wir dann mit der S-Bahn durch West-Berlin gefahren. Es war ein toller Tag!

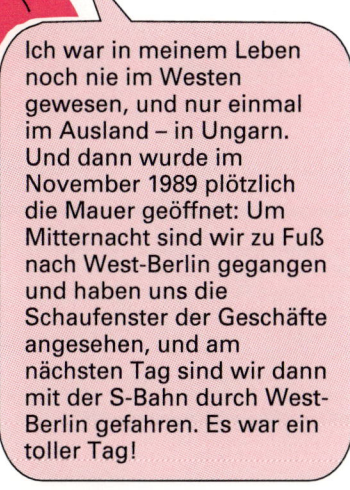

Jetzt ist Berlin wieder die Hauptstadt von ganz Deutschland. Wir haben noch viele Probleme: Wie viele andere Ost-Bürger bin ich arbeitslos. Aber ich bin trotzdem sehr froh, daß Deutschland wieder ein Land ist und Berlin wieder eine Stadt.

Der 10. November wird in die Geschichte eingehen

Die Trennung der Deutschen beendet

Berliner feierten die Nacht der Nächte: Nach 28 Jahren wieder vereint

28 Jahre liegen zwischen diesen beiden historischen Fotos: Am 13. August 1961 wurde die Berliner Mauer hochgezogen. Jetzt trennt sie die Menschen nicht mehr:

In der Nacht zum Freitag trafen sich Ost- und Westberliner auf der Mauerkrone und feierten gemeinsam.

Vom kalten Krieg bis zur Perestroika
Die Mauer: Seit 28 Jahren das Symbol für Spannungen zwischen Ost und West

Über Nacht verlor der Eiserne Vorhang seinen Schrecken

„Das glücklichste Volk auf der Welt"

BERLIN. Als historisches Ereignis gilt die Öffnung der DDR-Grenze. Nachfolgend einige Zitate.

„Die für uns Deutsche so bewegenden Stunden der letzten Nacht bedeuten einen tiefen historischen Einschnitt in die Nachkriegsgeschichte." (Bundespräsident Richard von Weizsäcker)

„Mein Platz augenblicklich ist in Bonn." (Bundeskanzler Helmut Kohl in Warschau)

„Gestern nacht war das deutsche Volk das glücklichste Volk auf der Welt." (Der neue Präsident des Bundesrates, Berlins Regierender Bürgermeister Walter Momper)

„Wir sind nahe an einem Punkt, wo die Menschen im gespaltenen Deutschland wieder zusammenkommen werden." (SPD-Ehrenvorsitzender Willy Brandt, zu dessen Amtszeit als Regierender Bürgermeister die Mauer gebaut worden war)

„Sie können bleiben, sie können zurückgehen und sie können wiederkommen." (CDU/CSU-Fraktionschef Alfred Dregger)

„Ich schlage eine Partnerschaft zwischen dem Freistaat Bayern und den Bezirken in Sachsen und Thüringen vor." (Bayerns Ministerpräsident Max Streibl)

Freudentränen einer Ostberlinerin beim Betreten des Westteils. F.:dpa

„Ich kann es nicht glauben, daß das alles wahr sein soll", sagt eine junge Ostberlinerin, die das erstemal in ihrem Leben die andere Hälfte der Stadt betritt.

Ein Mittvierziger knöpft seinen Mantel auf, zeigt jedem, der es sehen will, seinen Schlafanzug. „Ich lag schon im Bett, als meine Frau die Nachrichten hörte", berichtet der Mann ganz aufgeregt, „dann habe ich mir gesagt, keine Sekunde länger warten."

So ein Tag, so wunderschön wie heute
Freudentaumel unter dem Brandenburger Tor: Sektkorken knallten, Tränen flossen

Ausgelassen feierten die Berliner aus Ost und West auf der Mauer die Öffnung der Grenze, die sie seit 28 Jahren trennt.

BERLIN Die Berliner tanzten auf der Mauer, unter dem Brandenburger Tor knallten Sektkorken. In der Nacht zum 10. November lag Berlin sich in grenzenloser Freude in den Armen. Auch an den übrigen innerdeutschen Grenzübergängen strömten die Menschen aus Ost und West zusammen. „So ein Tag, so wunderschön wie heute", sangen sie, „so ein Tag, der dürfte nie vergehn,"

OST-BERLIN – GRENZÜBERGANG BORNHOLMER STRASSE: „Darauf habe ich 28 Jahre lang gewartet". Dem etwa 55jährigen Mann stehen Tränen in den Augen: Er wohnt „gleich um die Ecke" am Grenzübergang. Jetzt will er mal gucken, „wie's auf der anderen Seite der Mauer aussieht".

Während an einigen Übergängen noch Verwirrung herrscht, ob die DDR-Bürger nun wirklich frei reisen dürfen, gibt es hier kein Zurück mehr. Die Menschen liegen sich in den Armen, einige weinen, die meisten lachen und halten ihre blauen Personalausweise hoch. Immer wieder rufen Ungeduldige: „Wir kommen wieder" und: „Macht das Tor auf!"

WEST-BERLIN: Auf der Westseite der Mauer werden die Besucher mit Sekt und Applaus empfangen. Ein junger Westberliner erzählt, er sei einfach rübergefahren, um seine Freundin abzuholen. Auf der Rückfahrt fragten ihn DDR-Grenzer, ob er etwas im Wagen habe. „Außer vier Ostlern nix", antwortete er. Die Grenzer wünschten ihm „angenehme Weiterfahrt".

„Als ich sechs war, wurde die Mauer gebaut. Jetzt ist mein Junge hier sechs", berichtet ein Mann auf dem Rücksitz eines vollbesetzten Trabis. Auch er hat Tränen in den Augen. „Ich habe Fotos vom Bau der Mauer '61 gemacht, jetzt hoffe ich, welche von ihrem Abriß machen zu können", sagt ein anderer.

Immer wieder werden die Ankommenden gefragt, ob sie hierbleiben wollen oder nur zu Besuch kommen. Die allgemeine Antwort ist: „Mensch, natürlich geht's zurück. Ich muß doch morgen wieder arbeiten,"

Schulfrei in Berlin

BERLIN. An den Westberliner Schulen fiel am Freitag der reguläre Unterricht aus. Angesichts der Öffnung der DDR-Grenzen forderte Schulsenatorin Sybille Volkholz (SPD) dazu auf, in den kommenden Tagen „die Chance zu nutzen, Kindern und Jugendlichen lebendigen Anschauungsunterricht erfahrbar zu machen".

Freier Eintritt für DDR-Bürger

BERLIN. Westberliner Theater, die Deutsche Oper und die Berliner Philharmoniker haben Sonderveranstaltungen beziehungsweise freien Eintritt für Besucher aus der DDR angekündigt. „Die Staatlichen Schauspielbühnen Berlin begrüßen an ihren Theatern die Gäste aus der DDR", heißt es in einer Pressemitteilung. An diesem Wochenende werden an den Abendkassen ihrer Häuser an alle Besucher aus der DDR Freikarten, soweit vorhanden, für alle Vorstellungen abgegeben.

Endlich vereint: Für viele durch die Mauer getrennte Verwandte und Freunde gab es in der Nacht der Nächte ein überraschendes Wiedersehen. Die Menschen lagen sich in den Armen.

MIT GOETHE IN BERLIN

Acht Tage Berlin – das gewannen sechs junge Amerikaner beim Germany-United-Quiz des Goethe-Instituts New York, USA. In Deutschlands neuer Hauptstadt gingen die sechs auf die Suche nach der Vergangenheit. Sie besichtigten einen Rosinenbomber (US-Transportflugzeug während der Blockade Berlins; die Red.), den früheren Grenzkontrollpunkt Checkpoint Charlie und den Ostteil der Stadt. Daneben gab es aber auch Begegnungen mit Bewohnern Berlins. Der Regierende Bürgermeister Eberhard Diepgen und die Präsidentin des Berliner Abgeordnetenhauses, Hanna Renate Laurien, waren die prominentesten. Viele weitere Kontakte bekamen die Schüler durch ihre Gastfamilien, den Besuch in einer Ostberliner Schule und eigene Entdeckungsfahrten. Die Zeit war viel zu kurz, darüber waren sich alle am Schluß einig, und darum sagten sie einstimmig: ,,Wir kommen wieder!"

Aaron: ,,Ich liebe Berlin. Man braucht kein Auto. Man kommt mit öffentlichen Verkehrsmitteln überall hin. In Berlin ist es fast wie auf dem Land, denn es gibt überall Bäume."

Bill: ,,Ich dachte, die Deutschen sind harte und disziplinierte Leute. Hier in Berlin habe ich das Gegenteil gesehen: Sie sind locker, ruhig und entspannt. Sie sind sehr höflich und hilfsbereit."

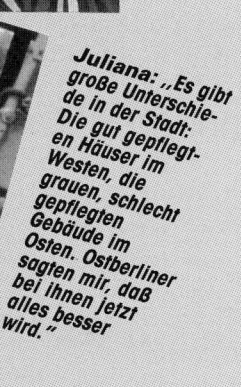

Robert: ,,Ich glaube, die meisten Leute in den USA haben keine Vorstellung von den Ost-West-Unterschieden. Ich dachte nicht, daß die Unterschiede so groß sind. Es ist wie Tag und Nacht."

Juliana: ,,Es gibt große Unterschiede in der Stadt: Die gut gepflegten Häuser im Westen, die grauen, schlecht gepflegten Gebäude im Osten. Ostberliner sagten mir, daß bei ihnen jetzt alles besser wird."

Übung 11 Wie sagt man…?

1. In search of the past.
2. Border checkpoint.
3. Meetings with inhabitants of Berlin.
4. The mayor.
5. Host families.
6. Relaxed.
7. Calm.
8. Polite.
9. Helpful.
10. There are big differences.

Übung 12 Beantworte die Fragen!

1. Wer hat acht Tage in Berlin gewonnen?
2. Wie findet Aaron Berlin?
3. Warum braucht man keinen Führerschein in Berlin?
4. Wo gibt es Bäume?
5. Wie findet Robert die Unterschiede zwischen Ost- und West-Berlin?
6. Wie findet Bill die Deutschen?
7. Welche Unterschiede erwähnt Juliana?
8. Möchtest du Berlin besuchen? Warum (nicht)?
9. Wo möchtest du übernachten?
10. Was möchtest du dort machen?

Übung 13 Wortschlangen

Wie viele Wörter kannst du finden und was bedeuten sie?

1. GEBÄUDEINSTIMMIGEWANNENACHTAGASTFAMILIENACHAUPTSTADT
2. VERGANGENHEITEILOCKERUHIGRENZEINIGEGENTEILEUTENTSPANNT

Übung 14 Was gehört zusammen?

1.	ein	A	punkt
2.	Vergangen	B	schied
3.	Führer	C	teil
4.	Haupt	D	bereit
5.	Kontroll	E	meister
6.	Gegen	F	heit
7.	Bürger	G	mittel
8.	Gast	H	stimmig
9.	Verkehrs	J	spannt
10.	Unter	K	stadt
11.	hilfs	L	familie
12.	ent	M	schein

Berlin er-fahren

Anna und Karin sind in der Pension Austria angekommen. Sie sitzen am Frühstückstisch. Die Pensionsbesitzerin, Frau Reineke, hatte ihnen am Vorabend vorgeschlagen, sich von ihrem Sohn Jörg Berlin zeigen zu lassen. Jörg fand das eine hervorragende Idee und will die beiden Mädchen mit seinem Freund Erdinç um neun Uhr nach dem Frühstück treffen. Erdinç kennt Jörg aus der Schule, aber es sind ja Osterferien. Erdinçs Eltern kommen aus der Türkei, sie sind Gastarbeiter. Wie viele türkische Gastarbeiterkinder ist auch Erdinç in Deutschland geboren und spricht Deutsch so gut wie Türkisch.

Nun trinken die vier jungen Leute eine Tasse Kaffee zusammen und überlegen, was sie heute machen können.

Jörg: Also, zuerst mal erkläre ich euch besser unser Berliner Verkehrssystem. Wir haben eine hervorragende U-Bahn, vor allem im Westen der Stadt. Das östliche U-Bahn-Netz wird erst jetzt ausgebaut. Im Osten gibt es die Straßenbahn, die bis an den Stadtrand fährt. Wenn man von einer Seite der Stadt zur anderen fahren will, nimmt man am besten die S-Bahn. Und es gibt natürlich jede Menge Buslinien.

Anna: Können wir eine Stadtrundfahrt machen?

Jörg: Wenn man gerade erst in Berlin angekommen ist, fährt man am besten erst einmal mit der Buslinie 100 – die verkehrt zwischen Bahnhof Zoo und Alexanderplatz – also den Zentren des alten West-Berlin und des alten Ost-Berlin.

Ihr könnt natürlich auch eine kommerzielle Stadtrundfahrt nehmen, aber die kostet eine Menge Geld, und auf der 100 sieht man alles genauso gut, und wir können euch alles erklären. Sollen wir das machen?

Karin: Ja, das ist eine tolle Idee. Wie ist das mit Fahrkarten?

Jörg: Ich habe euch ein Faltblatt von der BVG mitgebracht – so heißt die Berliner Verkehrsorganisation.

4

Was kostet die Stadt?

Mit dem **Berlin-Ticket** können Sie für nur 9,-DM 24 Stunden lang U-Bahn, S-Bahn, Straßenbahn und Omnibusse benutzen.

Familien fahren noch billiger: Am Wochenende (und an Feiertagen) zahlen 2 Erwachsene mit ihren Kindern unter 16 Jahren nur 10,- DM für die **Familien-Tageskarte**.

Von April bis Oktober empfiehlt sich die **Kombi-Tageskarte**. Für 16,- DM gilt sie im Gesamtnetz der BVG und auf allen im Linienverkehr eingesetzten Schiffen der Stern- und Kreisschiffahrt.

Diese **Spezial-Tickets** bekommen Sie an Schaltern und aus Automaten auf U- und S-Bahnhöfen, jedoch nicht beim Busfahrer.

Dort gibt es nur **Einzelfahrscheine** (2,70 DM bzw. 1,70 DM für Kurzstrecken; **Ku'damm-Ticket** 1,- DM). Im Vorverkauf sind auch 5er-Karten (**"Sammelkarten"**) für 11,50 DM bzw. 7,-DM erhältlich.

Für Kinder von 6 - 14 Jahren gelten Ermäßigungstarife. Genauere Informationen im Fahrplanbuch, erhältlich an den Schaltern auf Bahnhöfen, und in den ausgehängten Tarifbestimmungen.

Verbindungen in die nähere Umgebung

Alle BVG-Fahrausweise (mit Ausnahme der Kurzstreckenfahrausweise) gelten nicht nur für ganz Berlin, sondern auch im S-Bahn-Tarifbereich, im Stadtverkehr Potsdam sowie in den Straßenbahnbetrieben Schöneiche, Woltersdorf und Strausberg.

Übung 1

Lies den Dialog und das Informationsblatt und beantworte diese Fragen!

1. Was ist der Vorteil der Buslinie 100?
2. Was weißt du über die verschiedenen Transportmittel in Berlin?
3. Was kostet ein Einzelfahrschein?
4. Und was kostet er auf einer Kurzstrecke?
5. Was bekommt man für DM 9?
6. Wann kann man eine Familien-Tageskarte kaufen?
7. Wann kann man eine Kombi-Tageskarte bekommen?
8. Wo bekommt man Auskunft über Ermäßigungen für Kinder?
9. Wo gelten BVG-Fahrkarten?

Die alte Straßenbahn

An unserm Hause fährt
die Straßenbahn vorbei
und klingelt immerzu
im ewigen Einerlei.

Doch keiner hört mehr drauf.

Seit heute fährt ein Bus vorbei.
Die Gleise liegen noch.
Wir horchen jetzt und merken erst,
uns fehlt das Klingeln doch.

Gerda Marie Scheidl

dreiundvierzig

"Berlin grenzenlos"

"Berlin grenzenlos" heißt das neue Konzept der West-Berliner BVG (Berliner Verkehrs-Betriebe) seit Anfang Juli.

Generell gilt: Sämtliche Fahrscheine der BVG werden im Ostteil der Stadt anerkannt.

Für den Normaltarif gibt es jede Menge öffentlichen Nahverkehr in West und Ost.

Nicht nur die Ringbahn rund um Berlin gehört jetzt dazu, sondern auch der BVG-Fährverkehr und die Ost-Berliner "Weiße Flotte" (im Liniendienst) sowie der Nahverkehr der Ost-Berliner Verkehrs-Betriebe (BVB), der Deutschen Reichsbahn und der Straßenbahnbetriebe Schöneiche, Woltersdorf und Straußberg.

Wer pfiffig ist, greift demnach auf die BVG zurück; denn der Verkehrsstau ist mittlerweile allgegenwärtig.

Verkehrstarife: Einzelfahrschein: Der Einzelfahrschein (Normaltarif) kostet DM 2,70; für Kinder und Schüler im Alter von 6-14 Jahren 1,70. Damit kann man 2 Stunden das Gesamtnetz der BVG benutzen (außer Ausflugslinien) und beliebig oft umsteigen oder die Fahrt unterbrechen. Der Einzelfahrschein (Kurzstreckentarif) kostet DM 1,70, ermäßigt DM 1,20. Er gilt für 6 Bushaltestellen oder 3 Bahnstationen (1 Bahnstation = 2 Bushaltestellen) mit einmal (Bahn zweimal) umsteigen.

Ku'damm-Ticket: Das Ku'damm-Ticket kostet DM 1,- und gilt zwischen Rathenauplatz und Wittenbergplatz – ohne Umsteigeberechtigung – für alle Tag- und Nacht-Buslinien.

Sammelkarten: Die Sammelkarte mit fünf Fahrten kostet zum Normaltarif DM 11,50, ermäßigt DM 7,-. Die Kurzstrecken-Sammelkarten mit fünf Fahrten kostet DM 7,-, ermäßigt DM 5,-. Es gelten die gleichen Bedingungen wie bei den Einzelfahrscheinen. Die Sammelkarten müssen vor dem Fahrtantritt in den roten Entwertern (im Bus oder an den Bahnhofseingängen) entwertet werden.

Berlin-Ticket: Für Kurzaufenthalte gibt es das Berlin-Ticket. Es gilt 24 Stunden für beliebig viele Fahrten im gesamten Busnetz (außer BVG-Ausflugslinien), im U-, S-Bahnnetz und der BVG-Schiffslinie. Das Tikket kostet DM 9,-, ermäßigt DM 5,-(erhältlich in U- und S-Bahnhöfen, bei den Zeitkartenausgaben).

Umweltkarte: Die Umweltkarte ist übertragbar und gilt für das gesamte Streckennetz. Sie kostet DM 65,- im Monat. Die 6-Tage-Umweltkarte (gültig von Montag bis Sonnabend) kostet DM 26,—

Kombi-Tageskarte: Wer die Fahrt im großen Gelben (bzw, S- oder U-Bahn) mit einer Tour über Berlins Gewässer verbinden will, kauft sich eine Kombikarte BVG/Stern- und Kreisschiffahrt und "Weiße Flotte" (Ost-Berlin bzw. Potsdam). Kosten: DM 16,-, ermäßigt DM 8,-.

Sonderwochenkarten für Gruppen ab 6 Personen von 2-Tages- bis 6-Tages-Ticket (15,- DM bis 26,- DM) müssen bei der BVG, Hauptabteilung Verkehrsverwaltung, Potsdamer Str. 188, 1000 Berlin 30 schriftlich 4 Wochen vorher bestellt werden. Die 7-Tages-Gruppenkarte (für 28,- DM) ist sofort bei den Hauptkartenstellen (U-Bhf. Kleistpark, Zoo/Hardenbergplatz) erhältlich.

U-Bahn: In West-Berlin gibt es acht U-Bahnlinien (Länge insgesamt 108,2 km) mit 119 Bahnhöfen. Rund 1,3 Millionen Menschen benutzen werktags die U-Bahn. Auf einigen Streckenabschnitten fährt die Untergrundbahn "über Tage", entweder als Hochbahn (wie z.B. auf der Linie U1 in Richtung Schlesisches Tor) oder in einem Erdeinschnitt (wie z.B. auf der Linie U2 in Richtung Krumme Lanke). Die ersten Züge fahren morgens kurz nach 4 Uhr, die letzten nachts

"Fahre bitte nicht so weit, Schatz, das Essen ist gleich fertig!"

Übung 2 Wie sagt man...?

1. Since the beginning of July.
2. Traffic jam.
3. Is valid.
4. Short stays.
5. Every quarter of an hour.
6. Star-shaped.
7. A tip, piece of advice.
8. Pieces of luggage.
9. Supplement.
10. Hire of bicycles.

zwischen Mitternacht und 1 Uhr (Wochenende zwischen 1 und 2 Uhr). Freitag- und Sonnabendnacht verkehren die U-Bahnlinien 1 und 9 viertelstündlich die ganze Nacht über.

Wer sein Fahrrad in der U-Bahn mitnehmen möchte, kann dies montags bis freitags von 9 bis 14 Uhr und nach 17.30 Uhr tun, an Wochenenden unbegrenzt. Es gilt der Ermäßigungstarif (DM 1,70 mit zwei Stunden Gültigkeit). Inhaber von Jahres- oder Monatsnetzkarten, Berlin-Tickets oder Kombi-Tageskarten können ihre Räder umsonst mitnehmen.

Busse: Auf annähernd 90 Autobuslinien mit über 1000 km Gesamtlänge (West) werden werktäglich über 1,1 Millionen Menschen befördert. Meistens sind Doppeldecker im Einsatz. Bei den großen Gelben gilt folgendes: Einstieg vorne, Ausstieg in der Mitte. Bezahlt wird beim Fahrer – Kleingeld bereithalten. Hier gibt es nur Einzelfahrscheine. Die Sammelkarten (für U-Bahn, S-Bahn und Bus) gibt es an den Automaten, die an vielen Haltestellen aufgestellt sind (meist nur mit passendem Geldeinwurf), an den Automaten in den U-Bahnhöfen oder am Ticketschalter im U-Bahnhof.

Nachtbusse: 34 Nachtbusse sind von ca. 1 bis 4 Uhr nachts im Einsatz. Alle Linien fahren im 30-Minutengrundtakt. Am Wochenende gibt es auch kürzere Wartezeiten wie auf den Kudamm- und Tauentzienlinien. Die City-Linie 19N fährt grundsätzlich alle 15 Minuten. Vom U-/S-Bahnhof Zoologischer Garten fahren 12 Linien sternförmig in die Außenbezirke bzw. zu den Hauptumsteigepunkten (mit Anschluß an weitere Nachtbusse der BVG). Ein Hinweis noch für Nachtbusfahrer: Die Routen mancher Nachtbusse weichen von den üblichen Strecken ab.

Liniennetz/Nachtliniennetz: Einen guten Überblick über das Streckennetz der öffentlichen Verkehrsmittel bekommt ihr mit dem Liniennetz (DM 2,-; komplettes BVG-Liniennetz und mit vergrößertem City-Plan), dem Nachtfahrplanheft (DM 1,-; alle Fahrpläne der Nachtlinien) und dem Nachtbusliniennetz (kostenlos; Anfangs- und Endpunkte aller Nachtlinien mit Umsteigemöglichkeiten und Abfahrtszeiten).
Die Netzpläne bekommt ihr an den Ticketschaltern der U-Bahnhöfe oder in den privaten Verkaufsbüros der BVG (z.B. Zeitungsläden).

Taxis: Wenn es auf ein paar Mark mehr oder weniger nicht ankommt, dann kann man sich auch mal ein Taxi leisten. Preiswerter wird es dann, wenn ihr zu mehreren seid (bis zu vier Personen werden mitgenommen). Die Einschaltgebühr liegt zur Zeit bei DM 3,40. Pro Kilometer kommen DM 1,69 (Nacht- und Feiertagzuschlag 1,-DM), für Gepäckstücke ebenfalls Zuschlag.

Fahrradverleih: Warum nicht mal mit dem Fahrrad auf Sightseeing-Tour gehen. Wer sich ein Stahlroß leihen will, der sollte nicht vergessen, daß er neben der Mietgebühr noch eine Kaution hinterlegen muß.
Fahrradbüro Berlin, 62, Hauptstr. 146 (U-Bhf. Kleistpark), Tel. 784 55 62, Mo-Fr 10-18 Uhr (Di 14 - 18 Uhr), Sa 10-14 Uhr, Verleih für mind. 24 Stunden.
Räderwerk, 61, Körtestraße 14 (U-Bhf. Südstern), Tel. 691 85 90, Mo-Fr 10-13 und 14- 18 Uhr (Mi 14 - 18 Uhr), Sa 10-14 Uhr, Verleih ab 24 Stunden.

Telebus: Rollstuhlfahrer haben die Möglichkeit, den Telebus-Dienst in Anspruch zu nehmen. Auskünfte erteilt die Telebus-Zentrale, 15, Joachimstaler Str. 17, Tel. 88 00 31 13 oder 88 00 31 28.

Übung 3 Erkläre diese Worte!

Anna versteht diese deutschen Worte nicht. Sie stehen alle im Text. Wie würdest du sie Anna erklären?

> **Beispiel**
> Doppeldecker: Ein Doppeldecker ist ein Bus mit zwei Stockwerken.

1. Einzelfahrschein.
2. Sammelkarte.
3. Normaltarif.
4. Liniennetzplan.
5. Fahrplanheft.

WEISSE FLOTTE
Station Weidendammer Brücke

Puschkinallee 16 / 17 O-Berlin 1193
Auskunft 271 23 27 / 3 28
Schiffsvermietung 271 23 12

Abfahrt		Ankunft		
7.00	Hohensaaten	21.00 Uhr	04.05. - 29.09.	Sa / So
9.00	Werder	19.30 Uhr	20.04. -12.05.	tägl. außer Fr
10.30	Pfaueninsel	18.00 Uhr	04.05. - 29.09.	Sa / Di / Do
11.00	Tegel	17.00 Uhr	01.05. - 25.09.	Mo / Mi
15.10	Charlottenburg	16.50 Uhr	28.03. -12.10.	tägl.
20.30	Lichterfahrt	22.30 Uhr	16.03. - 20.04.	Sa
20.30	Abendfahrt	22.30 Uhr	04.05. - 28.09.	Fr / Sa

◄━━━━━ Fahrten nach Treptow
Ausflugs-, Linien-, Sonder- und Charterfahrten mit Niveau

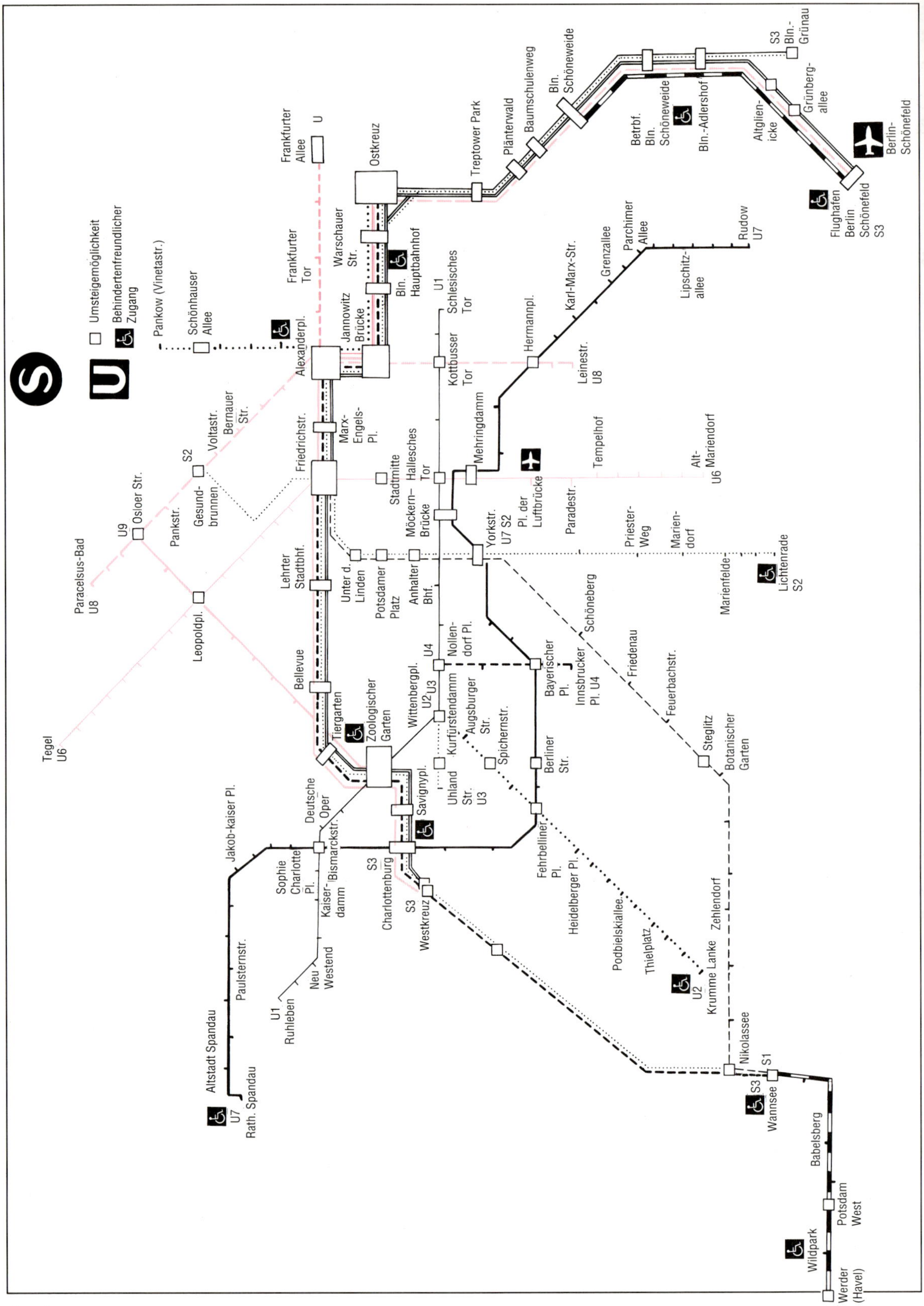
S
U
Umsteigemöglichkeit
Behindertenfreundlicher Zugang
Pankow (Vinetastr.)
Schönhauser Allee
Frankfurter Allee
U
Ostkreuz
Frankfurter Tor
Warschauer Str.
Bln. Hauptbahnhof
Jannowitz Brücke
Alexanderpl.
Treptower Park
Plänterwald
Baumschulenweg
Bln. Schöneweide
Betrbf. Bln. Schöneweide
Bln.-Adlershof
S3 Bln.-Grünau
Grünberg-allee
Altglien-icke
Berlin-Schönefeld
Flughafen Berlin Schönefeld S3
U1 Schlesisches Tor
Kottbusser Tor
Hermannpl.
Leinestr. U8
Karl-Marx-Str.
Grenzallee
Parchimer Allee
Lipschitz-allee
Rudow U7
Paracelsus-Bad U8
U9 Osloer Str.
S2
Voltastr.
Bernauer Str.
Pankstr.
Gesund-brunnen
Friedrichstr.
Marx-Engels-Pl.
Stadtmitte
Hallesches Tor
Mehringdamm
Tempelhof
Alt-Mariendorf U6
Möckern-Brücke
Yorkstr. U7 S2
Pl. der Luftbrücke
Paradestr.
Priester-Weg
Marien-dorf
Marienfelde
Lichtenrade S2
Lehrter Stadtbhf.
Unter d. Linden
Potsdamer Platz
Anhalter Bhf.
Leopoldpl.
Tegel U6
Bellevue
Tiergarten
Zoologischer Garten
Wittenbergpl. U2 U3
U4 Nollen-dorf Pl.
Kurfürstendamm
Augsburger Str.
Spichernstr.
Uhland Str. U3
Bayerischer Pl.
Innsbrucker Pl. U4
Schöneberg
Friedenau
Feuerbachstr.
Steglitz
Botanischer Garten
Berliner Str.
Deutsche Oper
Savignypl.
Jakob-kaiser Pl.
Sophie Charlotte Pl.
Bismarckstr.
Kaiser-damm
S3 Charlottenburg
S3 Westkreuz
Fehrbelliner Pl.
Heidelberger Pl.
Podbielskiallee
Thielplatz
U2 Krumme Lanke
Zehlendorf
Nikolassee
S1
S3 Wannsee
Babelsberg
Potsdam West
Wildpark
Werder (Havel)
Neu Westend
U1 Ruhleben
Paulsternstr.
Altstadt Spandau
U7 Rath. Spandau

Das ist eine Karte des Berliner Verkehrsnetzes. Sie zeigt S-Bahn- und U-Bahn-Strecken, aber keine Straßenbahnen und keine Busse. Erdinç hat diese Karte für Anna und Karin beim Verkehrsamt besorgt. Zusammen sehen sie sich jetzt die Karte an.

Die Pension ist in der Rankestraße. Die nächste U-Bahnstation ist Augsburger Straße, der nächste S-Bahnhof Zoologischer Garten. Die meisten Berliner nennen ihn einfach Bahnhof Zoo.

Übung 4

Sieh die Karte an und beantworte diese Fragen!

1. An welcher U-Bahn-Linie liegt Augsburger Straße?
2. Welche S-Bahn-Linien führen durch Bahnhof Zoo?
3. Was sollte man über den U-Bahnhof Potsdamer Platz wissen?
4. Kann man vom Bahnhof Zoo direkt nach Potsdam fahren?
5. Was bedeutet dieses Zeichen?
6. Und was bedeutet dieses Zeichen?
7. Wie viele S-Bahn-Linien und wie viele U-Bahn-Linien kannst du finden?
8. Welcher ist der zentralste Bahnhof in diesem ganzen System?

Übung 5

Sieh dir die Karte an und beantworte diese Fragen!

Wie kommen Anna und Karin am besten von ihrer Pension zu diesen Sehenswürdigkeiten?

1. Zum Fernsehturm? (Alexanderplatz)

Beispiel

Sie fahren mit der S-Bahn-Linie 3 vom Bahnhof Zoo zum Alexanderplatz. Sie müssen nicht umsteigen.

---

2. Zum Wannsee?
3. Zum Schloß Charlottenburg? (Sophie-Charlotte-Platz)
4. Zum Olympiastadion? (in Ruhleben)
5. Zum Flughafen Schönefeld?

Übung 6   Wohin fährt man?

1. Am Bahnhof Zoo nimmst du die S-Bahn-Linie 3. Du fährst bis zum Bahnhof Friedrichstraße. Dort steigst du in die S2 um und fährst nach Norden bis zum Endbahnhof. Wie heißt er?
2. Du steigst am U-Bahnhof Augsburger Straße in die U2 und fährst nach Süden. Am dritten Bahnhof steigst du in die U7 um. Du fährst drei Stationen nach Norden. Wo bist du?
3. Von der Augsburger Straße fährst du mit der U2 eine Station nach Norden. Am Wittenbergplatz steigst du in die U3 um und fährst nach Osten, bis Hallesches Tor. Dort steigst du in die U6 um. Du fährst zwei Stationen nach Süden. Wo bist du?
4. Von der Augsburger Straße fährst du mit der U2 drei Stationen nach Süden, zum Fehrbelliner Platz. Dort steigst du in die U7 um und fährst nach Norden. Du steigst in der vorletzten Station aus. Was kannst du hier sehen?
5. Vom Bahnhof Zoo fährst du mit der S3 zum Alexanderplatz und dann noch drei Stationen weiter. Wo bist du?

Übung 7   Richtig oder falsch?

1. Wittenbergplatz zum Schlesischen Tor: Man muß nicht umsteigen.
2. Augsburger Straße zum Tiergarten: Mit der U2 für eine Station nach Norden. Dann mit der U1 zum Bahnhof Zoo und mit der U1 weiter zum Tiergarten.
3. Bahnhof Zoo zur Osloer Straße: Man muß umsteigen.
4. Uhlandstraße zum Innsbrucker Platz: Man muß zweimal umsteigen.
5. Augsburger Straße zum Tiergarten: Zu Fuß geht es schneller!

4

Wortübungen   Wortspiele   Wortübungen   Wortspiele

1. Was ist das Gegenteil?

   Beispiel

   fahren – gehen

   (a) abfahren   (g) selbsttanken
   (b) Ankunft   (h) hinten
   (c) bleifrei   (j) abfliegen
   (d) einsteigen   (k) einfach
   (e) Nebenstraße   (l) besetzt
   (f) Normal   (m) Ausfahrt

2. Kennst du ein anderes Wort oder einen anderen Ausdruck für…?

   Beispiel

   Bahn – Zug

   (a) nicht direkt   (f) Fahrgast
   (b) Bahnsteig   (g) Dampfer
   (c) Station   (h) Fahrkarte
   (d) Koffer   (j) Flugzeug
   (e) Fahrzeug   (k) Wagen

3. Wie viele Worte zum Thema „Verkehr" kennst du, die…

   (a) … mit **Haupt-** anfangen?
   (b) … mit **Auto-** anfangen?
   (c) … mit **Ver-** anfangen?
   (d) … mit **ab-** anfangen?
   (e) … mit **Bahn-** anfangen?
   (f) … das Wort **reise(n)** enthalten?
   (g) … das Wort **fahren** oder **fahrt** enthalten?

4. Füge die Hälften wieder zusammen!

   (a) Aus   lehnen
   (b) An   werfer
   (c) Bau   fahrt
   (d) an   verbot
   (e) hinaus   schrauber
   (f) Hub   lieger
   (g) Koffer   karte
   (h) Mehrfahrten   raum
   (j) Park   schnallen
   (k) Schein   stelle

5. Welches dieser Worte gibt es NICHT?

   (a) zuschlagpflichtig   Zusammenstoß   Zugaufbewahrung   zusteigen
   (b) einsteigen   aussteigen   umsteigen   ansteigen
   (c) Fahrtag   Fahrzeug   Fahrschein   Fahrkarte
   (d) Auskunft   Ausgang   Ausstieg   Auswagen
   (e) überqueren   überholen   überparken   Überfahrt
   (f) Umstraße   umsteigen   Umleitung   Unfall
   (g) PKW   LKW   ADAC   PLW
   (h) Rasthof   Rastplatz   Raststätte   Rastkarte
   (j) Fahrkarte   Landkarte   Eintrittskarte   Reisekarte

Wortübungen   Wortspiele   Wortübungen   Wortspiele

4

6. Setze Worte zusammen!

(a)	Zu	bahn	schalter
(b)	Gepäck	kehrs	kreuz
(c)	Nah	fahrten	bewahrung
(d)	Auto	aus	stoß
(e)	Ver	auf	karte
(f)	Mehr	sammen	gurt
(g)	Sicher	ver	zug
(h)	Park	karten	weis
(j)	Fahr	heits	stauung
(k)	Fahr	verkehrs	bot

7. Ordne diese Worte in drei Kategorien ein! (Manche passen zweimal)

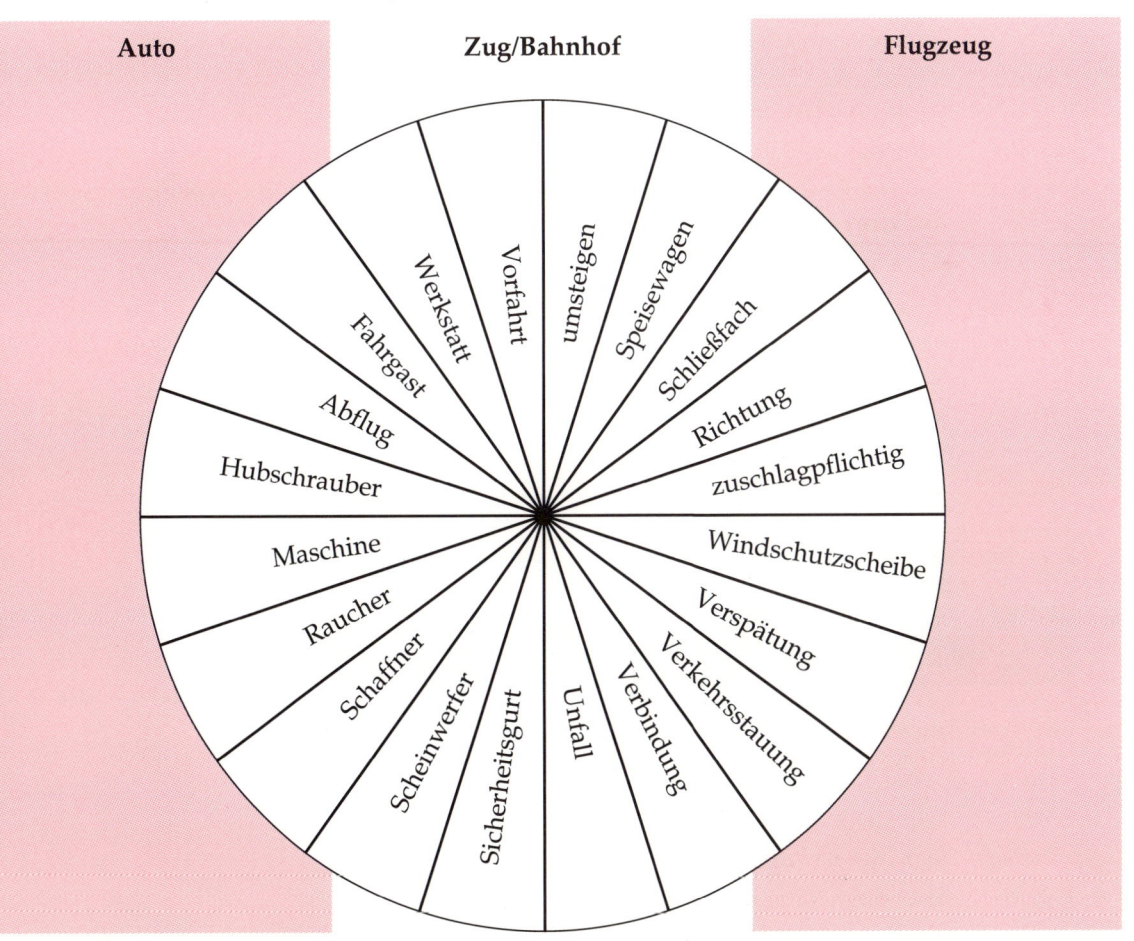

Auto   **Zug/Bahnhof**   **Flugzeug**

Werkstatt, Vorfahrt, umsteigen, Speisewagen, Fahrgast, Schließfach, Abflug, Richtung, Hubschrauber, zuschlagpflichtig, Maschine, Windschutzscheibe, Raucher, Verspätung, Schaffner, Verkehrsstauung, Scheinwerfer, Verbindung, Sicherheitsgurt, Unfall

49
neunundvierzig

4

Karin, Anna, Erdinç und Jörg sind am Bahnhof Zoo. Sie wollen jeder eine 24-Stunden-Karte kaufen. Eigentlich gibt es die am Automaten, aber der ist „außer Betrieb". Nun stehen sie in der Schlange am Fahrkartenschalter. Der Mann vor ihnen ist an der Reihe und hat eine komplizierte Frage.

Kunde: Guten Tag. Ich plane eine Zugreise nach Österreich, mit meiner Familie. Wir sind zwei Erwachsene und zwei Kinder.

Beamtin: Wohin wollen Sie denn?

Kunde: Nach Kremsmünster. Das ist in der Nähe von Linz. Aber wir möchten über München fahren und da einen Tag Aufenthalt haben.

Beamtin: Das ist kein Problem. Sie können trotzdem die Fahrkarte bis Kremsmünster lösen. Wann möchten Sie denn reisen?

Kunde: Am Ostermontag, und die Rückfahrt planen wir für den folgenden Samstag.

Beamtin: Ostermontag ist natürlich ein Feiertag, und über die Ostertage haben wir einen Sonderfahrplan. Ich schaue mal nach…
Ja, Sie haben Glück. Es fährt ein Inter-City-Zug um 6.59 Uhr hier am Bahnhof Zoo ab, damit sind Sie um 11.05 Uhr in München am Hauptbahnhof. Am anderen Morgen können Sie um 9.14 Uhr wieder von München HBF abfahren. Sie müssen in Passau umsteigen, von da fahren Sie bis Linz, und von Linz nehmen Sie dann einen Nahverkehrszug bis Kremsmünster. Da gibt es eine gute Verbindung. Und zurück fahren Sie am besten über Prag. Das geht schneller. Sie können dann auch über Nacht fahren – der Zug hat einen Schlafwagen.

Kunde: Nein danke, das ist mir zu teuer.
Müssen wir für den Inter-City Zuschlag zahlen?

Beamtin: Nein, der ist nicht zuschlagpflichtig.

Kunde: Gut, dann möchte ich vier Rückfahrkarten von Berlin nach Kremsmünster, bitte. Sind die Karten für die Kinder ermäßigt?

Beamtin: Wie alt sind sie denn?

Kunde: Neun und zwölf.

Beamtin: Also beide unter 14. Da gibt es 50% Ermäßigung. Moment, ich stelle Ihnen die Karten aus. Möchten Sie auch Plätze reservieren?

Kunde: Ja bitte. Wir möchten Nichtraucher, und wir hätten gerne Fensterplätze für die Kinder.

Beamtin: Also, Sie haben Wagen 13, Abteil 8, Plätze A, B, C und D.

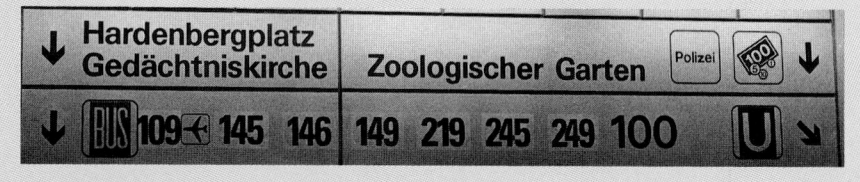

Jetzt sind Anna, Karin, Jörg und Erdinç an der Reihe.

Erdinç: Guten Tag. Wir hätten gerne vier 24-Stunden-Karten.

Beamtin: Aber die können Sie doch am Automaten kaufen!

Erdinç: Nein, der ist kaputt.

Beamtin: Also, dann hätte ich gerne 36 Mark von Ihnen.

Übung 8 Richtig oder falsch?

1. Der Fahrkartenautomat ist kaputt.
2. Der Kunde möchte eine Schlafwagen-Fahrkarte lösen.
3. Ostermontag ist ein normaler Wochentag.
4. Der Mann möchte einen Fensterplatz.
5. Es gibt eine Kinderermäßigung für Kinder unter 16 Jahren.

Übung 9 Wie sagt man…?

1. I'm planning a journey.
2. I'll have a look.
3. There is a good connection.
4. That is too expensive.
5. Do we have to pay a supplement?

Übung 10 Erkläre einem englischen Freund/einer englischen Freundin!

1. Sonderfahrplan.
2. umsteigen.
3. Nahverkehrszug.
4. außer Betrieb.
5. Schlafwagen.
6. Ermäßigung.

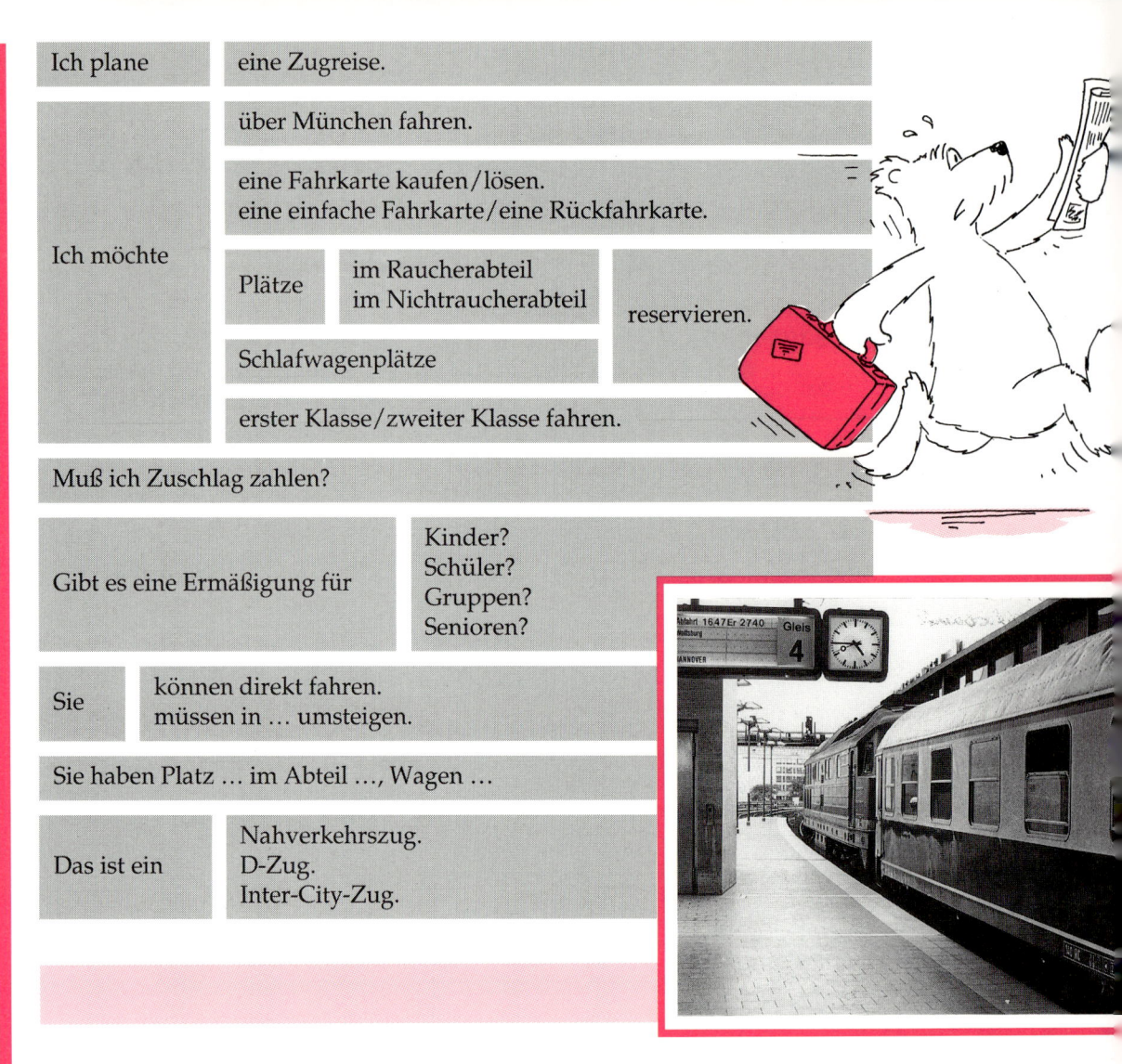

Ich plane	eine Zugreise.		
	über München fahren.		
Ich möchte	eine Fahrkarte kaufen/lösen. eine einfache Fahrkarte/eine Rückfahrkarte.		
	Plätze	im Raucherabteil im Nichtraucherabteil	reservieren.
	Schlafwagenplätze		
	erster Klasse/zweiter Klasse fahren.		
Muß ich Zuschlag zahlen?			
Gibt es eine Ermäßigung für	Kinder? Schüler? Gruppen? Senioren?		
Sie	können direkt fahren. müssen in … umsteigen.		
Sie haben Platz … im Abteil …, Wagen …			
Das ist ein	Nahverkehrszug. D-Zug. Inter-City-Zug.		

Übung 11 Erfindet Dialoge!

Arbeite mit einem Partner/einer Partnerin zusammen.

1. Familie Petershagen plant eine Reise in die Schweiz. Sie möchten nach Zürich fahren, über Stuttgart. Sie möchten Plätze im Schlafwagen reservieren. Der Schlafwagen kostet 50% Zuschlag. Sie sind zwei Erwachsene und drei Kinder unter 12.
2. Herr Kirsch muß geschäftlich nach Rom. Er möchte gerne über Nacht fahren, und zwar so schnell wie möglich. Er fährt erster Klasse. Herr Kirsch ist Raucher.
3. Ulrike Krause organisiert eine Reise nach Frankfurt für 15 Schüler. Sie sind alle 16 bis 18 Jahre alt. Sie möchte Plätze reservieren, und zwar im Nichtraucherabteil zweiter Klasse.
4. Oma Volkrath möchte ihre Enkel in Hamburg besuchen. Sie möchte zweiter Klasse fahren, und möchte einen Platz im Nichtraucherabteil reservieren. Sie möchte so billig wie möglich reisen. Sie möchte wissen, ob sie für ihren Hund auch eine Fahrkarte braucht.

Täglich mit dem Bus für 20 Mark von Berlin in den Spreewald und zurück

Berlin, 18. April

Ab 1. Mai gibt es eine tägliche Linienbus-Verbindung von Berlin in den Spreewald: Eine Fahrt hin und zurück kostet 20 Mark (einfache Fahrt 11 Mark).

Rüdiger Brodam vom Bus-Verkehr-Berlin (BVB): Wir fahren ab sofort in jedem Jahr bis 30. September.

● **Abfahrt** ist 8.30 Uhr am U-Bahnhof Rudow (Neudecker Weg/Ecke Alt-Rudow).
● **Ankunft** in Lübben ist 10.10 Uhr.
● **Abfahrt** in Lübben ist 17.55 Uhr.
● **Ankunft** in Rudow ist 19.45 Uhr.

Kinder und Jugendliche bis zum 16. Lebensjahr zahlen die Hälfte, Kinder bis sechs Jahren fahren frei.

Gruppen werden um Voranmeldung gebeten, ebenfalls Radler mit Fahrrad (Mitnahmepreis. 5 Mark): ☎ (030) 689 99 68

Neue Bus-Nummern! Neue Zeichen! Die Straßenbahn wird in „Tram" umgetauft! Neues Wort für alle, die außerhalb wohnen: Regionalbahn! Neuer Fahrplan!

Für alle, die mit Bus und Bahn durch Berlin fahren - und nach Berlin rein- oder rausfahren

---

Die Wagen waren gar nicht an der Stelle, die uns angegeben war. So kam es zur unnötigen Einstieg-Eile

Meine Kinder waren in den Osterferien durch das Bezirksamt bei Gasteltern in der Schweiz.

Die Kinder sollten um 20 Uhr zum Bahnhof Zoo gebracht werden, damit die Formalitäten erledigt werden konnten. Das Gepäck wurde auf einem Wagen gesammelt. Es wurde sogar angegeben, wo die drei Sonderwagen für die Kinder halten würden.

Der Zug fuhr um 20.43 Uhr. Doch erst um 20.40 Uhr wurde er in den Bahnhof gefahren – und dann waren die Wagen nicht an der Stelle, wo sie hätten sein sollen.

Man mußte mit den Kindern vom Ende bis zur Mitte des Bahnsteiges rennen, alles mußte sehr schnell gehen. Kaum waren die Kinder eingestiegen, fuhr der Zug schon los.

Ich frage mich, warum man diesen Zug nicht früher bereitstellen konnte. Ein anderer Zug, der fahrplanmäßig um 21.11 Uhr abfuhr, stand fast eine Stunde auf dem Bahnhof.

**A.V.,
Emser Str., Berlin-Neukölln**

R
Neu: Das Zeichen für Regionalbahn

U
Viereckig: Das Zeichen für U-Bahn

Tram
Neu: „Tram" steht für Straßenbahn

F
Neu mit Wellenlinie: F für Fähre

BUS
Rund: Steht an Bus-Haltestellen

S
Wie früher: Das Zeichen für S-Bahn

Tieflader blieb hängen

Ein Tieflader blieb morgens an der S-Bahnbrücke in der Naumannstraße (Schöneberg) hängen. Ein Autokran stürzte von der Ladefläche. Eineinhalb Stunden lang mußte die Straße gesperrt werden.

Wie fahren Sie in Berlin?

Ulrike Handke
Ich bin Lehrerin. Ich wohne in Charlottenburg und arbeite in einer Gesamtschule in Zehlendorf. Ich versuche, öffentliche Verkehrsmittel zu verwenden, weil das umweltfreundlicher ist, aber meistens fahre ich doch mit dem Auto. Die öffentlichen Verkehrsmittel, die ich verwende, sind die U-Bahn und die S-Bahn. Wenn ich im Supermarkt einkaufe, nehme ich immer das Auto, aber wenn ich in der Innenstadt einkaufe, fahre ich mit der U-Bahn. Man bekommt nämlich nur schwer einen Parkplatz.

Reiner Marks
Ich bin Student, und ich habe wenig Geld. Ich fahre fast überall hin mit dem Fahrrad, egal, wie das Wetter ist. Das ist am billigsten und ziemlich gesund. Wenn die Luft auf den Straßen besser wäre, wäre es noch gesünder. Mit dem Auto fahre ich nie – ich habe nämlich keinen Führerschein.

Inge Hansen
Ich fahre meine Kinder mit dem Auto zur Schule. Ich möchte sie nicht mit dem Rad fahren lassen, das ist in unserem Berliner Verkehr viel zu gefährlich. Und es gibt keine guten Busverbindungen zwischen unserer Wohnsiedlung und der Schule.

Yusuf Celik
Ich gehe zu Fuß zur Arbeit. Ich bin Krankenpfleger und das Krankenhaus ist ganz in der Nähe meiner Wohnung. Ein Auto ist mir zu teuer! Ich fahre viel mit dem Bus und der Straßenbahn – beide fahren häufig und pünktlich. Ich finde das Berliner Verkehrsnetz hervorragend.

Nicola und Antje Brandt
Wir fahren mit dem Bus zur Schule – da haben wir Monatskarten. Aber abends fahren wir nie mit dem Bus, das finden unsere Eltern zu gefährlich. Entweder sie holen uns ab, oder wir nehmen ein Taxi und die Eltern bezahlen es für uns, wir müssen das nicht von unserem Taschengeld bezahlen.

Eva Hoffmann
Ich fahre meistens mit Bus und U-Bahn durch Berlin, im Sommer oft mit dem Fahrrad. Da ich die U-Bahn täglich benutze, um zur Schule zu kommen, kaufe ich mir jeden Monat eine Schülermonatskarte, die DM 32,00 kostet und mit der ich in ganz Berlin, so oft wie ich will, mit Bus, U-Bahn und S-Bahn fahren kann.

Übung 12   Wie sagt man…?

1. Public transport.
2. To use. (zwei Ausdrücke)
3. Healthier.
4. Bus connection.
5. Housing estate.
6. Frequent(ly).
7. Outstanding.
8. Monthly season ticket.
9. They pick us up.

Übung 13   Beantworte die Fragen!

1. Warum versucht Ulrike, öffentliche Verkehrsmittel zu verwenden?
2. Warum fährt sie mit der U-Bahn, wenn sie in der Innenstadt einkauft?
3. Warum fährt Reiner fast überall hin mit dem Fahrrad?
4. Warum hat er kein Auto?
5. Warum fährt Inge ihre Kinder mit dem Auto zur Schule?
6. Warum geht Yusuf zu Fuß zur Arbeit?
7. Warum fährt er viel mit dem Bus und der Straßenbahn?
8. Warum hat er kein Auto?
9. Wie fahren Nicola und Antje abends?
10. Warum fahren sie abends nie mit dem Bus?
11. Was macht Eva oft im Sommer?
12. Was kann sie mit ihrer Schülermonatskarte machen?

Übung 14   Und du?   Interview deine Mitschüler!

1. Wie fährst du zur Schule?
2. Wie fährst du meistens abends?
3. Was gibst du pro Woche für Fahrgeld aus?
4. Bekommst du ermäßigte Fahrkarten?
5. Wie findest du öffentliche Verkehrsmittel in deiner Gegend?

Übung 15   Kannst du die entsprechenden deutschen Wörter im Kastenrätsel finden?

Lies die Buchstaben von links nach rechts, von rechts nach links und von oben nach unten!
Wenn du die ersten elf Wörter gefunden hast, mach einen Kreis um die übrigen Buchstaben. Diese Buchstaben, von links nach rechts und von oben nach unten gelesen, ergeben das zwölfte Wort.

P	E	R	A	N	H	A	L	T	E	R	F
L	I	E	G	E	W	A	G	E	N	G	A
A	L	N	E	R	H	E	K	R	E	V	H
N	Z	U	S	T	E	I	G	E	N	E	R
M	U	S	T	N	E	P	M	A	R	T	E
Ä	G	F	R	E	I	H	A	L	T	E	N
S	A	N	E	T	L	A	H	T	S	E	F
S	N	E	G	A	W	R	E	F	E	I	L
I	L	U	K	R	E	F	F	O	K	T	T
G	E	P	Ä	C	K	N	E	T	Z	E	N

1. To keep hold.
2. To keep clear.
3. To hitch-hike. (zwei Ausdrücke)
4. Couchette.
5. Delivery van.
6. To run/operate.
7. Fast stopping train.
8. On schedule.
9. Luggage trolley.
10. Luggage rack.
11. To board/get on.
12. To permit.

4

Bevor Anna und Karin durch Berlin fahren können, brauchen sie Geld. Sie gehen zur Sparkasse am Bahnhof Zoo. Leider ist sie geschlossen. Eine Passantin rät ihnen, zur Wechselstube im Europa-Center zu gehen, die durchgehend geöffnet ist.

In der Wechselstube

Anna: Ich möchte diese Reiseschecks einlösen, bitte. Wie ist heute der Wechselkurs für englische Pfund?

Beamter: Der Kurs ist heute genau 1 zu 3. Sie bekommen also DM 3 für £1.

Anna: Nehmen Sie eine Wechselgebühr?

Beamter: Ja, DM 5,50 pro Umtausch.

Anna: Oh, das ist aber viel Geld.

Beamter: In der Bank ist es billiger, aber die Banken sind jetzt nicht offen.

Anna: Dann hätte ich gerne zwei Reiseschecks zu je zehn Pfund eingelöst.

Beamter: Ja, gerne. Wie ist Ihre Adresse in Berlin?

Anna: Pension Austria, in der Rankestraße.

Beamter: Können Sie sich ausweisen?

Anna: Ja, ich habe meinen Reisepaß dabei. Hier, bitte.

Beamter: Gut. Würden Sie bitte hier unterschreiben? Dann sind das DM 60 minus DM 5,50 Gebühr für die beiden Schecks, also 50, 52, 54, 54,50 Mark.

Anna: Danke schön, auf Wiedersehen.

Karin geht am nächsten Morgen zur Post, um Geld zu holen. Sie hat ein Postgirokonto. Damit kann sie überall in der Bundesrepublik im Postamt Geld bekommen. Dort kann man auch Reiseschecks und Euroschecks einlösen.

Postbeamter: Ja, bitte.

Karin: Ich möchte DM 150 von meinem Postgirokonto abheben. Hier ist der Scheck.

Postbeamter: Einen Moment… Möchten Sie große oder kleine Scheine?

Karin: Zwei Fünfzigmarkscheine, bitte, wenn das geht, und den Rest kleiner. Und zehn Mark in Münzen, bitte, für Automaten.

Postbeamter: Kein Problem. Hier, bitte.

Karin: Danke schön. Tschüs!

Postbeamter: Bitte schön. Ich wünsche Ihnen einen schönen Aufenthalt bei uns in Berlin.

sechsundfünfzig

Übung 16   Wie sagt man…?

1. Closed.
2. Continuously open.
3. What is the exchange rate?
4. I would like to change these travellers' cheques.
5. … if that's possible.
6. Have a nice stay!

Übung 17   In der Wechselstube

Arbeite mit einem Partner/einer Partnerin zusammen!

1. (*a*): Ask for today's exchange rate.
   (*b*): £1 = DM 3.03.
   (*a*): Ask to change £20 worth of travellers' cheques into DM.
2. (*a*): Say you want to change travellers' cheques.
   (*b*): Say today's exchange rate is £1 = DM 2.96.
   (*a*): Say you want to change £100.
   (*b*): Ask whether he or she has any means of identification.
   (*a*): Say yes, a passport.
   (*b*): Ask him/her to sign the form.
3. (*a*): Say you want to change some money.
   (*b*): Ask how much.
   (*a*): Say 20 US Dollars.
   (*b*): Ask whether he or she wants large or small notes.
   (*a*): Ask for small notes and coins.

Ich möchte	Reiseschecks einlösen. DM 100 von meinem Konto abheben. Geld (um)wechseln.

Was ist der Wechselkurs?
Nehmen Sie eine Wechselgebühr?

Können Sie sich ausweisen?
Unterschreiben Sie bitte hier.

Wechselstube Europa – Center
T-Nr.: 0   4 Beleg Nr.: 268
Ankauf bar
REISESCHECK
Datum: 18.04.92   Uhrzeit: 17.01
---
103 GBP
GBP   Kurs: 287,0000
DM   :   20,00
         :   60,00

Gebühren   :
              5,50

Gesamt DM   :
              54,50

Großbritannien

42-013/06 3 89

Devisenkurse

1,– £stg = DM 3,–   DM1,– = 0,33 £stg

£stg	DM	£stg	DM	DM	£stg
0,02	0,06	16,–	48,–	0,10	0,03
0,05	0,15	20,–	60,–	0,20	0,06
0,10	0,30	25,–	75,–	0,50	0,17
0,50	1,50	50,–	150,–	1,–	0,33
1,–	3,–	100,–	300,–	2,–	0,66
1,50	4,50	120,–	360,–	5,–	1,65
2,–	6,–	180,–	540,–	10,–	3,30
2,50	7,50	300,–	900,–	20,–	6,60
3,–	9,–	350,–	1.050,–	50,–	16,50
4,–	12,–	400,–	1.200,–	100,–	33,–
5,–	15,–	500,–	1.500,–	150,–	49,95
10,–	30,–	600,–	1.800,–	200,–	66,60
12,–	36,–	1.000,–	3.000,–	250,–	83,30
14,–	42,–	1.200,–	3.600,–	300,–	99,95
15,50	46,50	1.450,–	4.350,–	400,–	133,30

Bitte berücksichtigen Sie, daß sich die Kurse kurzfristig ändern können.

Deutsche Bank

Essen und Einkaufen

Karin, Anna, Jörg und Erdinç sitzen im Café Kranzler. Es ist das berühmteste Café in Berlin – mitten in der Stadt am Kurfürstendamm. Wer nach Berlin kommt, muß im Café Kranzler mindestens einen Kaffee trinken. Mehr können sich Jörg, Erdinç, Anna und Karin allerdings nicht leisten – das Café ist ziemlich teuer.

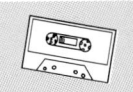

Erdinç: Also, was machen wir heute?

Karin: Ich dachte, wir gehen einkaufen! Wo macht man in Berlin am besten einen Einkaufsbummel?

Jörg: Also, wir müssen unbedingt ins KaDeWe gehen, ins „Kaufhaus des Westens" – Es ist eines der größten Kaufhäuser in Europa. Und dann schaut ihr euch am besten auf dem Ku'damm und an der Tauentzienstraße die Schaufenster an.

Anna: Wo geht ihr einkaufen?

Erdinç: Also, für Kleidung gehe ich meistens in kleine Boutiquen. Die gibt es in Berlin überall. Die großen Kaufhäuser sind mir zu teuer und zu langweilig. Ich gehe allenfalls mal zum Schlußverkauf ins KaDeWe oder zu C&A. Aber die großen Kaufhäuser verkaufen auf der ganzen Welt über das gleiche, das ist mir zu langweilig.

Karin: Aber du trägst doch gar nicht die neueste Mode!

Erdinç: Deshalb gehe ich nicht in die Kaufhäuser. Ich möchte Sachen haben, die mir stehen, die mir bequem sind, die mir gefallen, und die ich bezahlen kann. Für T-Shirts und Hemden und so gebe ich selten viel Geld aus. Ich kaufe allerdings ziemlich teure Markenjeans, aber die müssen dann strapazierfähig sein, weil ich sie dauernd trage.

Karin: Ich trage ganz gerne moderne Kleidung. Vieles, was im Augenblick modern ist, steht mir auch ganz gut. Aber ich mache die Mode nicht mit, wenn sie mir nicht steht.

Anna: Ich trage lieber etwas Ausgefallenes, Individuelles. In der Schule muß ich eine Uniform tragen und alle sehen gleich aus. Da möchte ich wenigstens in meiner Freizeit anders aussehen als die anderen. Und ich trage auch gerne mal ein Kleid – es müssen nicht immer Hosen sein.

Jörg: Ich trage alles, was praktisch ist. Ich habe auch keine Lust, stundenlang nach Kleidung zu suchen und sie dann anzuprobieren – ich hasse das!

Erdinç: Wie ist das; seid ihr fertig mit dem Kaffee? Dann mal los!

Übung 1   Wie sagt man…?

1. To go on a shopping spree.
2. Sale.
3. Clothes which suit me.
4. Clothes which I like.
5. Hard-wearing.
6. Something unusual.

Übung 2   Beantworte diese Fragen!

1. Was sagt Erdinç über Kaufhäuser?
2. Was für Kleidung trägt Erdinç?
3. Gibt er viel Geld für Kleidung aus?
4. Geht Karin immer mit der Mode?
5. Warum trägt Anna gerne ausgefallene Sachen?
6. Warum interessiert sich Jörg nicht für Mode?

…UND WAS TRÄGST DU?

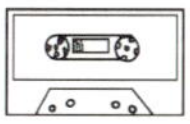

Die junge Mode spielt verrückt. Früher gab es zwei Stile: brav oder ausgefallen. Heute sind es mindestens zehn. Man bedient sich bei den letzten Jahrzehnten: Schlaghosen aus den 60ern, Turnschuhe aus den 50ern, Blumenhemden aus den 70ern. Wie das aussieht? Das zeigt Euch JUMA!

Nicole, 15 Jahre
„Ich ändere meinen Stil ziemlich oft, je nach Laune. In Jeans, Wollpullovern und Chucks (das sind Turnschuhe) fühle ich mich sehr wohl. Und es gefällt mir sehr gut."

Sandra, 16 Jahre
„Zu meinem braunen Kleid trage ich schwarze Strümpfe und schwarze Schuhe mit Klumpabsatz. Ich ziehe mir auch Sachen an, wenn sie nicht 'in' sind. Es gibt wichtigeres als Mode."

Volker, 16 Jahre
„Das sind meine Sachen: Jeans, Sportschuhe, Kapuzen-Shirt. Ich trage sie, weil sie mir gefallen. Mode interessiert mich nicht."

Miriam, 15 Jahre
„Ich trage ein schwarz-weißes Kleid, einen Pullover, schwarze Strümpfe und Docs (das sind leichte Schuhe mit dicker Sohle). Die Sachen sind bequem und gefallen mir. Ich ändere meinen Stil nicht oft."

5

Felix, 14 Jahre
„Ich trage Jeans, Skate-Schuhe, ein weißes T-Shirt und ein bedrucktes T-Shirt. Ich trage gerne sportliche Klamotten, denn sie sind bequem."

Rena, 14 Jahre
„Ich meine, Kleider machen Leute. Mode ist für mich ziemlich wichtig. Im Moment trage ich Sachen im Stil der 60er Jahre: eine Schlag-Hose und einen schwarzen Rollkragen-Pulli."

Boris, 18 Jahre
„Die Wildlederjacke ist vom Trödelmarkt. Dazu trage ich braune Jeans, ein schwarzes Sweat-Shirt mit Schlafanzugärmeln und rot-braune Schuhe mit hohen Absätzen. Die Sachen verkörpern etwas für mich, aber ich will nicht auffallen oder Anerkennung suchen."

Alex, 16 Jahre
„Ich trage Schwarz. Ich ändere das nie. Andere Sachen habe ich nicht. Ich glaube, mit Mode kann man etwas erklären, ohne zu reden."

Manu, 16 Jahre
„Meine Jeans und die Lederjacke sind Markenprodukte, keine billigen Kopien. Ich finde das wichtig."

Übung 3 Und du?

1. Wieviel Geld gibst du für Kleidung aus?
2. Machst du jede Mode mit?
3. Was für Kleidung trägst du?
4. Wie oft kaufst du Markenkleidung?
5. Kaufst du in Kaufhäusern oder Spezialgeschäften?
6. Suchst du nach Sonderangeboten?
7. Was hast du vor kurzem gekauft?
8. Was sind die Vor- und Nachteile einer Schuluniform?
9. Kannst du die neueste Mode beschreiben?
10. Welche Kleider nimmst du mit, wenn du in Urlaub fährst?

| Ich gebe | viel / wenig | Geld für Kleidung aus. |

| Ich trage gerne Sachen, die | modern sind. / schick sind. / bequem sind. / mir gut stehen. / mir gefallen. / von guter Qualität sind. |

| Ich kaufe | manchmal / immer / nie | Markenkleidung. / Sonderangebote. / teure/preiswerte Kleidung. |
| | | in Kaufhäusern. / im Einkaufszentrum. / in Spezialgeschäften. / auf dem Markt. |

Im Warenhaus

Erdgeschoß. Hier gibt es Bücher,
Seife, Schmuck und Seidentücher,
Zirkel, Kugelschreiber, Minen,
Unterhosen und Pralinen,
lange Ketten aus Bonbons,
an der Kasse Luftballons.
Schirme, Koffer, Aktentaschen,
Spiegel und Kosmetikflaschen.
An der Kuchentheke Torten,
Cremeschnittchen aller Sorten.
Blumen aus Papier und Tüll.
Und die Hähnchen frisch vom Grill.
In die Nase steigt der Duft.
Und wir schnuppern in die Luft.

Wolln die Herrschaften hinauf?
Fahrstuhltüren gehen auf.
Bitte schön, mein Herr, Beeilung!

1. Stock, die Stoffabteilung.
Schuhe, Hüte, Konfektion
für den Vater und den Sohn.

Jemand 2. Stock? Gardinen,
Herde, Öfen, Waschmaschinen,
Diskothek und Radios,
Decken, Kissen und Plumeaus.

3. Stock. Ach, bitte halt!
Kinderland für jung und alt.
Farmer, Trapper, Indianer,
Friedenspfeifen, Marterpfahl,
Cowboys, Ritter, Eisenbahner,
Bahnhof, Schienen und Signal.
Hochgaragen, Bagger, Trecker,
Gummisäbel, Puppenbett,
Lieferwagen, Kabel, Stecker,
Würfelbecher und Quartett.
Schießgewehre und Pistolen
mit und ohne Munition.
Elefanten, Affen, Fohlen,
Trommeln, Pfeifen, Xylophon.
Perlenketten, Puppenhäuschen,
Kaufmannsladen, Memory,
Kasperle und Gummimäuschen,
Taschenlampenbatterie.
Roller, Autos, Straßenschilder,
Hampelmann und Fußballschuh,
Bausteinkästen, Märchenbilder.
Und was möchtest du?

Hildegard Wohlgemuth

5

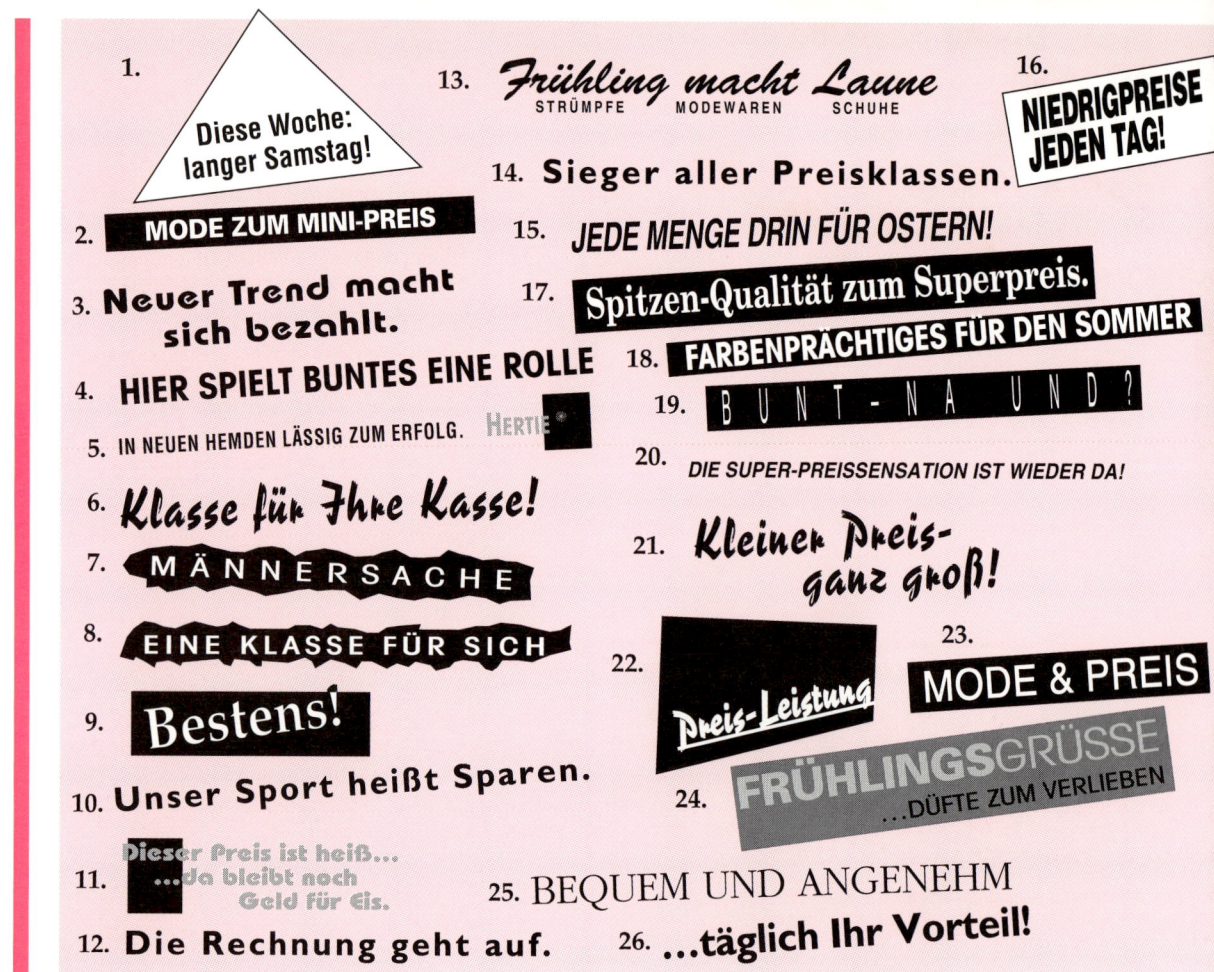

1. Diese Woche: langer Samstag!
2. MODE ZUM MINI-PREIS
3. Neuer Trend macht sich bezahlt.
4. HIER SPIELT BUNTES EINE ROLLE
5. IN NEUEN HEMDEN LÄSSIG ZUM ERFOLG.
6. Klasse für Ihre Kasse!
7. MÄNNERSACHE
8. EINE KLASSE FÜR SICH
9. Bestens!
10. Unser Sport heißt Sparen.
11. Dieser Preis ist heiß… …da bleibt noch Geld für Eis.
12. Die Rechnung geht auf.
13. Frühling macht Laune — STRÜMPFE MODEWAREN SCHUHE
14. Sieger aller Preisklassen.
15. JEDE MENGE DRIN FÜR OSTERN!
16. NIEDRIGPREISE JEDEN TAG!
17. Spitzen-Qualität zum Superpreis.
18. FARBENPRÄCHTIGES FÜR DEN SOMMER
19. BUNT – NA UND?
20. DIE SUPER-PREISSENSATION IST WIEDER DA!
21. Kleiner Preis – ganz groß!
22. Preis-Leistung
23. MODE & PREIS
24. FRÜHLINGSGRÜSSE …DÜFTE ZUM VERLIEBEN
25. BEQUEM UND ANGENEHM
26. …täglich Ihr Vorteil!

Solche Werbe-Slogans sieht man in den Schaufenstern der großen Kaufhäuser in Berlin.

Übung 4 Wie sagt man…?

1. The winner in all price categories.
2. Colourful – so what?
3. Small price – very big.
4. Colour plays a role here.
5. Fragrances to fall in love with.
6. Daily to your advantage.

Übung 5 Welche Slogans beziehen sich…

1. auf Preise?
2. auf Mode?
3. auf eine Jahreszeit?
4. auf Sport?
5. auf Farben?

Übung 6 Beantworte diese Fragen!

1. Wie viele Worte für „hervorragend" oder „sehr gut" kannst du in den Slogans finden?
2. Wie viele Adjektive kannst du finden?
3. Welcher Slogan gefällt dir am besten?

!!Zungenbrecher!!
Wer von Euch kann Slogan Nummer 20 (Die Super-Preissensation ist wieder da) ohne Probleme ganz schnell sagen?

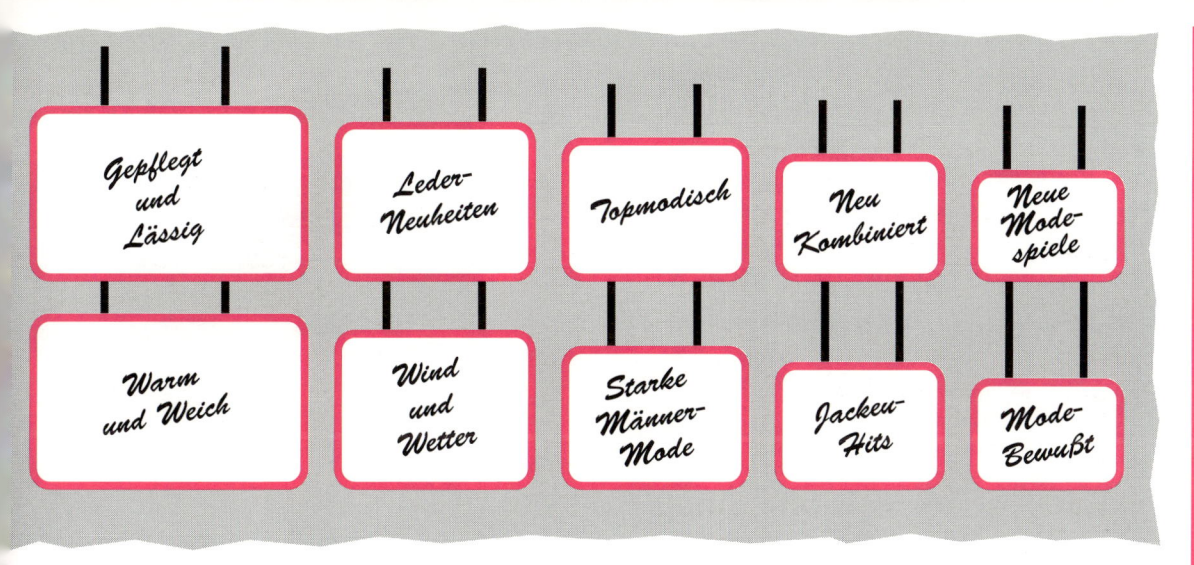

Gepflegt und Lässig	Leder-Neuheiten	Topmodisch	Neu Kombiniert	Neue Modespiele
Warm und Weich	Wind und Wetter	Starke Männer-Mode	Jacken-Hits	Mode-Bewußt

Diese Schilder findet man im Modehaus Wehmeyer im Erdgeschoß.

Übung 7 Wohin?

In welche Abteilung würdest du gehen…

1. …um eine Jacke zu kaufen?
2. …wenn du nach etwas für schlechtes Wetter suchst?
3. …wenn du einen Pullover kaufen möchtest?
4. …wenn du immer das Neueste trägst?
5. …wenn du einen Lederrock suchst?
6. …um ein „Opa-Hemd" zu kaufen?
7. …um eine Krawatte für deinen Vater zu kaufen?

LASSEN SIE SICH ÜBERRASCHEN.

TRAUMHAFTE PREISE FÜR TRAUMHAFTE SOMMERMODE
SSV
AB 29.7.-10.8.

Evelin Brandt

UNSERE GESCHÄFTE AUF EINEN BLICK:
▲ SAVIGNYPLATZ 6 BERLIN 12
▲ FRIEDRICHSTR. 154 BERLIN 1086
▲ RHEINSTR. 62 BERLIN 41
▲ GOETHESTR. 34 BERLIN 12
▲ GÜNTZELSTR. 40 BERLIN 31
▲ KU-DAMM 198 BERLIN 42

Donnerstag – Einkaufsabend bis 20.30 Uhr geöffnet. Am **S**onnabend ist unser Haus von 9 bis 16 Uhr für Sie geöffnet. **G**enießen Sie mehr Freiheit beim Einkaufen. Mit unserer **G**oldenen Kundenkarte. **P**arken Sie problemlos in den **P**arkhäusern Passauer Straße. 1000 Plätze sind für Sie da.

5

Jörg möchte bei C&A etwas umtauschen.

Jörg: Ich möchte diesen Pullover umtauschen, bitte.
Verkäufer: Dann müssen Sie zur Umtauschkasse gehen. Die ist im dritten Stock.
Jörg: Haben Sie einen Fahrstuhl?
Verkäufer: Ja, dort drüben hinter der Wäsche-Abteilung.

An der Umtauschkasse

Jörg: Ich möchte diesen Pullover umtauschen, bitte.
Verkäuferin: Warum denn?
Jörg: Als ich ihn zu Hause ausgepackt habe, habe ich gesehen, daß er einen Fleck auf dem linken Ärmel hat.
Verkäuferin: Zeigen Sie mal her, bitte.
Jörg: Also habe ich ihn gewaschen. Ich habe die Waschanweisung genau gelesen und befolgt, aber jetzt ist der Pullover zwei Größen kleiner.
Verkäuferin: Wir lassen ihn für Sie reinigen.
Jörg: Nein, ich möchte ihn umtauschen oder mein Geld zurückbekommen – der Pullover paßt mir ja gar nicht mehr.
Verkäuferin: Haben Sie denn noch die Quittung?
Jörg: Ja, hier, bitte.
Verkäuferin: Gut, ich nehme den Pullover zurück. Welche Größe haben Sie?
Jörg: 46. Aber ich möchte einen anderen Pullover, der nicht beim Waschen eingeht.
Verkäuferin: Gut, suchen Sie sich einen anderen Pullover aus und kommen Sie damit hier her zurück.
Jörg: Danke. Bis gleich.

> *Modisch-schicke aktuelle*
> **Herren-Pullis**
> In topmodernen Streifenmustern
> farbenfroh – lässig – bequem
> auch in Übergrößen

Karin: Schau mal, die Pullover sehen toll aus!
Jörg: Ja, ganz klasse. Der grüne gefällt mir.
Erdinç: Probier ihn besser an!
Anna: Wo sind die Anprobe-Kabinen?
Jörg: Quatsch, ich brauche keine Kabine. Ich probiere ihn hier an…Da, der paßt ganz hervorragend.
Erdinç: Der gefällt mir auch. Und schau mal, der ist im Sonderangebot! Ich kaufe mir auch einen, aber in einer anderen Farbe. Mir steht lila besser als grün.

Übung 8   Wie sagt man…?

1. Underwear department.
2. To (ex)change.
3. A mark, stain.
4. On the sleeve.
5. The washing instructions.
6. To have it cleaned.
7. The receipt.
8. To shrink.

Übung 9   Wähle die richtige Antwort!

1. Jörg möchte den Pullover umtauschen,
   - (a) weil er damit unzufrieden ist.
   - (b) weil er zu groß ist.
   - (c) weil er nicht funktioniert.
2. Der Fahrstuhl ist
   - (a) im dritten Stock.
   - (b) nicht weit von der Wäsche-Abteilung.
   - (c) an der Umtauschkasse.
3. Jörg hat den Fleck bemerkt,
   - (a) als er aus dem Kaufhaus ging.
   - (b) als er zu Hause ankam.
   - (c) als er den Pullover anprobierte.
4. Jörg möchte lieber
   - (a) den gleichen Pullover zwei Nummer größer.
   - (b) sein Geld zurückhaben.
   - (c) einen anderen Pullover.
5. Erdinç kauft
   - (a) einen grünen Pullover im Sonderangebot.
   - (b) einen Pullover in Lila.
   - (c) einen Pullover in einer anderen Farbe.

Übung 10   Beantworte die Fragen!

1. Was hat Jörg gekauft?
2. Was ist damit los?
3. Was will die Verkäuferin machen?
4. Warum ist Jörg dagegen?
5. Was nimmt er endlich?

Übung 11   Partnerarbeit

Was möchtest du umtauschen?
Warum?
Wann hast du ihn/sie/es gekauft?

Ich habe	gestern letzte Woche vor drei Wochen	einen Fotoapparat eine Uhr ein Radio	gekauft.
Ich möchte	diesen Rock diese Hose dieses Hemd	umtauschen.	
	lieber das Geld zurückhaben.		
Er Sie Es	hat einen Fleck auf dem linken Ärmel. hat einen kleinen Fehler. funktioniert nicht (richtig). ist schon kaputt.		

fünfundsechzig

Und noch

Am Donnerstag bis 20.30 Uhr geöffnet!

MINUS

EINFACH STARK, was man hier spart!

Heißer Preis-Markt

FREISTIL NACH BÜROSCHLUSS.

Kühle Sommer-Anzüge. Die leichte Art der Eleganz.

Perfekt in klassischer Eleganz und gepflegter Sportlichkeit

Sportswear-Blousons. Die neuen Farben für Trendsetter.

Tolle Jacken-Mode, super-preiswert!

Jacken Pullover Hemden Hosen Leder
Männer-Sportswear

Viel Spaß mit Shirts!

..KREATIV, FLIPPIG UND SUPER INDIVIDUELL

IM NEUEN GLANZ

Putzmunter zeigen sich die neuen Shirts mit Pailletten, Stickereien, Bild-Drucken und Goldknöpfen! Alles aus reiner Baumwolle, alles von FOU

DER STIL FÜR FREIE STUNDEN.

Übung 12   Beantworte die Fragen!

1. Welche Anzeigen behaupten, daß etwas wenig kostet?
2. Welche Anzeigen beziehen sich auf Freizeitkleidung?
3. Welche Adjektive werden verwendet?
4. An welchem Tag kann man lange einkaufen?

mehr Sprüche

KARSTADT präsentiert:

Marken-Qualität
Sensationell preiswert

Mal sportiv, mal elegant: Aktuelle Kombi-Ideen und Kleider

»Ich habe ein ganzes Jahr gut und billig eingekauft! Denn auf MINUS kann ich mich verlassen!«

MODE NACH MASS

DAS SHOPPING FESTIVAL DER KLEINEN PREISE!

Marken-Hemden. Die perfekte Ergänzung des eleganten Stils.

PREISWERT & SPITZE

GROSS DIE AUSWAHL! GÜNSTIG DIE PREISE!

Lassen Sie sich von neuen Mode-Ideen begeistern.

solange der Vorrat reicht!

KOMBI-MODE

Modische Vielfalt wie noch nie, zu sagenhaft günstigen Preisen. Da heißt es zugreifen!

Übung 13   Suche diese Worte!

Was ist das Gegenteil von…
(Du findest die Antworten in den Anzeigen.)

1. Arbeitsstunden?
2. heiß?
3. alt?
4. teuer?
5. schlecht?
6. schwer?
7. langweilig?
8. nicht mehr lieferbar?
9. gleichaussehend?
10. lässig?

Alle großen deutschen Kaufhäuser geben regelmäßig Prospekte mit Sonderangeboten heraus. Hier sind ein paar Ausschnitte.

1. Jogginganzüge in tollen Formen und Farben, T-Shirts mit frechen Mustern oder Freizeithosen in diversen Variationen – egal, was Ihnen zu Ihren sportlichen Höchstleistungen noch fehlt: Im Kaufhof finden Sie's bestimmt! Schauen Sie doch mal auf einen Sprung vorbei!

2. Top aktuelle **Götzburg-Herren-Slips** in diversen Farben. Wählen Sie zwischen verschiedenen Modellen. Aus reiner Baumwolle und in den Größen 4–7 **je 7.95**

3. **Kapuzen-Shirts** aus reiner Baumwolle. Farben: Rot, Messing, Lila, Schwarz oder Khaki. Größen 122–152 (von Astor Junior), 164 und 176 (von Astor Fifteen) **je 16.95**

4. Zum perfekten Tennis-Vergnügen gehört selbstverständlich auch die richtige Ausrüstung: Von sportlich-schicken Outfits über strapazierfähige Schuhe bis hin zu Schlägern und Bällen finden Sie im Kaufhof alles, was Sie für den „weißen Sport" benötigen. Nur spielen müssen Sie noch selber…

5. **Cord-Latzhose** Größen 98–122 Verschiedene Farben **15.–**

6. **Fahrrad-Handschuhe** Für Damen, Herren und Kinder **Paar 6.–**

7. Vierfarbig gestreifte, kurzärmelige **Miss Astor-T-Shirts** mit rundem Ausschnitt, Abschlußbündchen an Hals- und Armabschluß sowie einer Brusttasche. Aus 60% Baumwolle, 40% Polyester und in vielen Farbkombinationen. Größen S–L **je 29.95**

8. Die lassen sich toll zu den Streifen-T-Shirts kombinieren: **Bermuda-Shorts** aus reiner Baumwolle, in den Farben Weiß, Kiwi, Rot oder Marine. Größen 36–44. **je 39.95**

9. Kurzärmelige **T-Shirts** mit vielen modischen Details. Aus reiner Baumwolle und in den Größen S–L. Farben: Weiß, Schwarz, Lila, Marine, Rot, Mais, Oliv, Lachs, Pink oder Smaragd **je 15.95**

10. Lustige Kinder-Sweat-Shirts mit Micky-Maus-Aufdruck in verschiedenen Motiven. Aus reiner Baumwolle oder Mischgewebe. In den Größen 122–164 und den Farben Lila, Grün, Blau, Rot, Messing oder Pink **je 19.95**

11. **Blusen**, verziert mit Goldstickerei. Aus reiner Baumwolle, Piqué und in den Größen 38–48. Farbe: weiß **je 39.95**

12. **Active-Tennisschuhe** mit einem Obermaterial aus echtem Leder und PU-Sohle. Größen 37–40 (für Damen), 42–45 (für Herren) **Paar 59.–**

13. **Donnay-Tennisbälle** **3er Dose 6.95**

14. **Damen-Hose** 100% Seide Größen 38–46 **59.–**

15. **Markenhemd** in aktuellen Farben **19.–**

16. Schicke **Hosenröcke** in ca. 60 cm Länge und den Farben Weiß, Marine, Schwarz, Khaki, Mais oder Zimt. Aus 80% Viskose und 20% Polyamid. Größen 38–46 **je 49.95**

17. **Streifen-Blusen** mit weißen Stickereikragen. Aus 65% Polyester, 35% Baumwolle und in den Farben Gelb, Blau, Flieder, Grün oder Pink. Größen 38–48 **je 19.95**

18. **Bundfaltenhose** in den Farben Mais, Marone, Schwarz oder Stein. Größen 36–44. Reine Baumwolle **mit Gürtel 49.95**

19. **Miss Astor-BH** aus Spitze. Gibt's in den Farben Weiß oder Schwarz. Größen: Cup B, 75–85 **16.95**

20. Passend dazu ist der **Miss Astor-Slip** mit Spitzeneinsatz im Vorderteil. In Weiß oder Schwarz und den Größen 38–44 **12.95**

21. **Hudson-Damen-Feinstrumpfhose,** vorne transparent, hinten blickdicht, floral gemustert. Aus 97% Polyamid und 3% Elasthan. Größen 36–46 **9.95**

22. **Krawatten** Reine Seide. Tolle Auswahl **je 19.–**

23. **Kinder-Schlafanzug** Größen 104–176. Verschiedene Motive **13.–**

24. **Leggings** 7 aktuelle Farben **9.–**

25. **Seiden-Hemd** in tollen Farben **39.–**

Übung 14   Schau dir die Anzeigen an!

1. Wie viele Worte für verschiedene Farben kannst du finden?
2. Mache eine Liste der Kleidungsstücke, die angeboten werden (Beispiel: T-Shirt, Mantel…)
3. Welches Kleidungsstück gefällt dir am besten? Warum?
4. Mache eine Liste der Kleidungsstücke, die du kaufen würdest, wenn du DM 100 hättest.
5. Welche Kleidungsstücke sind:
   (a) für Männer?
   (b) für Frauen?
   (c) für Kinder?
6. Du mußt für deine Familie einkaufen. Was kaufst du:
   (a) für deine Mutter?
   (b) für deinen Großvater?
   (c) für deinen Bruder/deine Schwester?
7. Welches Kleidungsstück gefällt dir nicht? Warum?
8. Mache eine Liste der Stoffe. (Beispiel: Wolle…)

Kaufrausch

Berlin und Einkaufen - wem fällt dabei nicht als erstes das KaDeWe ein. Verständlich, denn eigentlich gibt es in den sechs Etagen des Kaufparadieses mit Europas größter Lebensmittelabteilung nichts, was es nicht gibt. Aber das Kaufhaus des Westens ist längst nicht alles, was den Berliner Konsumtrip ausmacht. Auch sind es nicht nur die Edelboutiquen der bekannten internationalen Modekönige am Ku'damm oder die Ladenpassagen im Europa-Center und der Minicity am Tauentzien, die den Reiz ausmachen.

Es muß auch nicht immer das Einkaufen sein, was Spaß macht. Manchmal kann auch ein abendlicher Schaufensterbummel die Konsumlust befriedigen (zumindest dann, wenn man sich nicht in das Gewühle und Gedränge vieler Einkaufsmekkas stürzen will). Wer nur Marktatmosphäre schnuppern will, sollte die zahlreichen Wochenmärkte in allen Stadtteilen besuchen. Auf vielen geht es noch richtig gemütlich zu. Die beiden schönsten (aber auch vollsten) sollte man auf jeden Fall besucht haben: den Markt auf dem Winterfeldtplatz im Bezirk Schöneberg und den Türkenmarkt am Maybachufer in Neukölln. Oder ihr macht einen Abstecher in Berlins Markthallen.

In Ost-Berlin hält sich der Kaufrausch noch in Grenzen. Die Bummelzonen Unter den Linden, Friedrichstraße und Leipzigerstraße entwickeln sich aber täglich in Richtung Westkonsum.

Märkte
Wochenmärkte:
Türkenmarkt am Maybachufer, Neukölln, Maybachufer, Di u. Fr 12-18.30 Uhr. Orientalische Basarstimmung am Landwehrkanal. Von der anatolischen Familie bis zum Punk kauft hier jeder ein.
Winterfeldmarkt, Schöneberg, Winterfeldtplatz, Mi u. Sa 8–13 Uhr. Hier lassen sich sogar die Nachtgestalten am Sonnabendvormittag blicken. Der Winterfeldtmarktbesuch wird mit anschließendem Kaffeetrinken oder Frühstück in den umliegenden Kneipen und Cafés beendet.

Einkaufen nach Ladenschluß

Normalerweise sind in Berlin die Geschäfte montags bis freitags von 9-18 Uhr, sonnabends von 9-13 Uhr geöffnet, Kaufhäuser und Läden in der City wochentags bis 18.30 Uhr, am Sonnabend bis 14 Uhr. Am – wie es so schön heißt – Dienstleistungsabend, Donnerstag, schließen viele Geschäfte erst um 20.30 Uhr. Jeder erste Sonnabend im Monat ("langer Sonnabend") erlaubt eine Öffnung bis 16 Uhr.

Wer den Ladenschluß verpaßt hat, kann in einigen Geschäften auch am späten Abend einkaufen.

Markthallen:
Arminius-Markthalle, 21, Arminiusstr. 2, Mo-Fr 8-18, Sa 8-13 Uhr. Vom frischen Gemüse bis zum Blumenstrauß. Eisenbahn-Markthalle, 36, Eisenbahnstr. 43/44, Mo-Fr 8-18, Sa 8-13 Uhr. Alles frisch, alles lecker.

PROST! GUTEN APPETIT!!

Anna: So viele Fleischgerichte auf der Speisekarte! Gibt es in Deutschland eigentlich keine Vegetarier?

Karin: Doch, aber nicht so viele wie in England.

Erdinç: Du bist Vegetarierin, oder? Ißt du auch sehr gesundheitsbewußt?

Anna: Nein, eigentlich nicht. Ich esse natürlich viel Obst und Gemüse, und Nüsse und so. Aber ich esse auch gerne Süßes – Kuchen und Schokolade. Da ist Deutschland für mich toll!

Karin: Ich bin die Gesundheitsbewußtere von uns beiden. Ich esse am liebsten Müsli und Obst zum Frühstück, und magere Sachen, Salate und so weiter, als Hauptmahlzeiten. Und ich esse viel Quark und Joghurt. Ich finde es wichtig, frische und magere Sachen zu essen – sonst bekomme ich mit 50 einen Herzinfarkt!

Jörg: Also, ich finde das Kaninchenfutter scheußlich. Ich esse gerne Butter, Wurst und Käse, und deftige Hauptmahlzeiten. Und eine richtige Bratwurst mit Pommes Frites ist mir jederzeit lieber als Salat! Nur Gemüse zu essen, finde ich schrecklich langweilig. Schließlich bin ich nicht fett – ich treibe ja viel Sport.

Erdinç: Trotzdem finde ich es besser, wenn man gesund ißt. Sport alleine reicht nicht. Mir ist deutsches und türkisches Essen meistens zu fett, aber ich esse sehr gerne chinesisch.

Anna: Ich auch – aber die meisten chinesischen Gerichte sind nichts für Vegetarier!

Übung 15   Wie sagt man…?

1. Meat dishes.
2. Health conscious(ly).
3. Low-fat things.
4. Otherwise I'll have a heart attack.
5. Rabbit food.
6. Good solid meals.
7. I'm not fat.
8. Sport alone isn't enough.

Wer sich ausgewogen ernähren will, sollte jeden Tag etwas aus jedem Teil dieses Gesundheitsrades essen.

COUNTDOWN ZU GESÜNDEREM ESSEN

10 EINFACHE TIPS FÜR BEWUSSTES GENIESSEN VON DER DEUTSCHEN GESELLSCHAFT FÜR ERNÄHRUNG E.V. (DGE)

10 SCHMACKHAFT UND SCHONEND ZUBEREITEN
Garen Sie kurz und mit wenig Wasser und Fett.
So bleiben die Nährstoffe und der Eigengeschmack der Speisen erhalten.

9 ÖFTERS KLEINE MAHLZEITEN
Das bringt Sie in Schwung und mindert die Leistungstiefs.
Essen Sie anstatt der üblichen 3 Hauptmahlzeiten lieber 5 kleinere Mahlzeiten.

8 TRINKEN MIT VERSTAND
Ihr Körper braucht Wasser, aber keinen Alkohol.
Mindestens 1½ bis 2 Liter benötigt Ihr Körper pro Tag.

7 WENIGER TIERISCHES EIWEISS
Pflanzliches Eiweiß ist so wichtig wie tierisches Eiweiß. Pflanzliches Eiweiß in Kartoffeln, Hülsenfrüchten und Getreide ist günstig für eine vollwertige Ernährung.

6 REICHLICH GEMÜSE, KARTOFFELN UND OBST
Diese Lebensmittel gehören in den Mittelpunkt Ihrer Ernährung. Essen Sie täglich Frischkost in Form von Obst, Rohkost und Salaten, aber auch Gemüse und Kartoffeln.

5 MEHR VOLLKORNPRODUKTE
Sie liefern wichtige Nährstoffe und Ballaststoffe, Vitamine, Mineralstoffe und Spurenelemente.

4 WENIG SÜSSES
Zu süß kann schädlich sein.
Zuviel Zucker wird vom Körper in Fett umgewandelt.

3 WÜRZIG ABER NICHT SALZIG
Kräuter und Gewürze unterstreichen den Eigengeschmack der Speisen.
Zuviel Salz übertönt hingegen viele Geschmackseindrücke.

2 WENIGER FETT UND FETTE LEBENSMITTEL
Zuviel Fett macht fett. Fett liefert doppelt so viele Joule bzw. Kalorien, wie die gleiche Menge an Kohlehydraten oder Eiweiß.

1 VIELSEITIG ABER NICHT ZUVIEL
Abwechslungsreiches Essen schmeckt und ist vollwertig.
Je vielfältiger Sie Ihren Speiseplan zusammenstellen, desto besser.

PROBIEREN SIE GLEICH HIER UND JETZT UNSERE NEUEN WARMEN VOLLWERTGERICHTE

Übung 16   Und du?

1. Beschreibe dein Frühstück und deine Hauptmahlzeit.
2. Was ist deine Lieblingsspeise?
3. Ist gesundes oder mageres Essen für dich wichtig?
4. Ißt du kalorienbewußt?
5. Ißt du gerne ausländisches Essen, z.B. chinesisch, italienisch…?

> **Frühstückskneipen & Cafés**
>
> Ein opulentes Frühstück kann zwei Mahlzeiten ersetzen. Außerdem, was gibt es besseres am frühen oder späten Morgen, als genüßlich im Café zu sitzen, Zeitung zu lesen und mehr als ein Nullachtfünfzehn-Frühstück (ein Brötchen und eine Scheibe Wurst) zu verzehren.

Zum Frühstück	esse ich	Corn Flakes.		
		Toast / Brot	mit	Butter. / Marmelade.
		Obst/Ei/ein Joghurt.		
		Schinken und Ei.		
Ich trinke		Kaffee/Tee/Saft.		
Meine Hauptmahlzeit ist		das	Mittagessen. / Abendessen.	
Ich esse		Fleisch. (Rindfleisch, Schweinefleisch, Hähnchen) Gemüse. Kartoffeln/Reis/Nudeln. (k)einen Nachtisch.		
Ich trinke		ein Glas		Cola. Limonade. Tee. Kaffee.
		eine	Dose / Flasche / Tasse	

Gesundes/mageres Essen ist für mich (nicht) wichtig, weil…
Ich esse (nicht) kalorienbewußt, weil…

…ich auf meine Figur achten muß.
…ich (sehr) schlank bin.
…ich gerne lecker esse.
…ich auch im Alter gesund bleiben möchte.
…wir zu Hause (nicht) gesund/mager essen.

> **Vegetarisch**
>
> Daß „Grünfutter" keineswegs so fade ist, wie oft behauptet, beweisen die vegetarischen Restaurants. Wer aber auf keinem Fall fleischlos leben kann, der hat ja genügend Ausweichmöglichkeiten.
>
> Baharat Falafel, 30, Winterfeldtstr. 35, tgl. 14-2 Uhr
> Café Tiago, 12, Knesebeckstr. 15, Tel. 312 90 42, Mo-Sa 8-2 Uhr, So 10-2 Uhr
> Hollyfood, 61, Zossener Str. 12, Tel. 692 86 72, tgl. 12-22 Uhr
> Einhorn, 30, Wittenbergplatz 5, Tel. 24 63 47, tgl. 10-18.30 Uhr

SUPPEN

franz. Zwiebelsuppe, mit Käse überbacken	4.70
Pfifferlingsrahmsuppe	6.30
Tomatencremesuppe	
mit Sahnehäubchen und Croutons	6.50

KLEINE GERICHTE

Pikanter Wurstsalat mit Roggenbrötchen	5.50
Portion Mett mit Pfeffer, vielen Zwiebeln, Brot und Butter	6.50
Strammer Max	
Gewürfelter Schinken und drei Spiegeleier auf Brot	7.20
Speckpfannekuchen mit hausgemachtem Apfelmus	9.30
Deftige Landwurstplatte mit verschiedenen Wurstsorten	
Zwiebelringe, Gewürzgurke, Schwarzbrot, Butter	8.50
Schweinesülze, süß-sauer, mit Graubrot und Butter	7.60
Bockwürstchen mit Brötchen, Senf oder Meerrettich	4.50

FISCH

Sahneheringe mit Salzkartoffeln und gem. Salat	9.80
Fischschnitte in Kräutersoße, mit Salzkartoffeln und gem. Salat	8.50
½ geräucherte Makrele, mit Meerrettich, Roggenbrötchen und Butter	7.80
Muscheltopf mit Kräuterbutter und Weißbrot	8.50

HAUPTGERICHTE

Rinderroulade mit Blumenkohl und Kartoffelknödeln	11.50
Kassler mit Sauerkraut und Salzkartoffeln	11.50
Eisbein mit Sauerkraut und Salzkartoffeln	13.50
Grünkohltopf, mit Kassler, Kochwurst, Bratwurst und	
Speck, dazu Bratkartoffeln	16.50
geröstete Leber, mit Apfelringen und Bratkartoffeln	
oder Nudeln, dazu gem. Salat	14.30
Zigeunerschnitzel, paniert mit Pommes Frites und gem. Salat	11.70
hausgemachtes Spätzlegratin mit Schinken und frischen	
Pilzen, mit Käse überbacken	13.50
Senatorenpfanne – zwei Schweinelendchen, Rostwürstchen,	
Grillspeck, Röstzwiebeln, gem. Gemüse und Kartoffeln	21.30

NACHSPEISEN

Rote Grütze mit Vanillesoße	5.30
Eierpfannkuchen, mit Himbeeren gefüllt, und Vanilleeis	7.20
gem. Eis mit Sahne	4.50
Erdbeerquark, mit Schokoladensoße und Nüssen	3.20

bitte beachten Sie unsere separaten Karten:
Tageskarte, Getränkekarte, Frühstückskarte

Übung 17 Arbeite mit einem Partner oder einer Partnerin zusammen!

Lest die Speisekarte und stellt Fragen.

> **Beispiel**
> Ißt du gerne Wurstsalat?
> Magst du Quark? Warum (nicht)?

Ihr könnt diese Antworten verwenden:

Das	schmeckt mir gut. esse ich nicht gern.
	habe ich noch nie probiert. würde ich gerne einmal probieren.
	bekommt mir nicht,… darf ich nicht essen,…

weil es	zu fett ist.	
	abnehmen muß.	
weil ich	fettes Essen Zwiebeln Sauerkraut süßes Essen	nicht vertrage. nicht mag.
	Vegetarier(in) Diabetiker(in) dagegen allergisch	bin.

Übung 18 Was hast du gestern gegessen?

(a) Schreibe auf, was du gestern gegessen hast. Vergiß Zwischenmahlzeiten und Knabbereien nicht!

> **Beispiel**
> Zum Frühstück habe ich Corn Flakes mit Milch und Zucker gegessen. Ich habe ein Glas Orangensaft getrunken.

(b) Ordne jedes der Lebensmittel in eine dieser Kategorien ein: teuer, billig, mager, fett, gesund, ungesund.

(c) Vergleiche deine Liste mit einem Partner/einer Partnerin. Wer von euch ißt gesünder?

Mitten in Berlin gibt es einen Platz, den Sie kennen müssen. Das Europa-Center. Und mitten im Europa-Center gibt es einen Platz, den Sie besuchen müssen. Das Mövenpick.

Mitten in Berlin

Weil Sie dort finden, worauf Sie gerade Lust haben. Schnellen Kaffee oder kulinarische Genüsse. Fröhliche Tische oder verträumte Nischen. Ein vielfältiges Restaurant-Programm von acht in der Früh bis Mitternacht. Weil dem Genießer in Berlin keine Stunde schlägt. Reservieren Sie sich doch gleich einen Platz.
Telefon: 030/2627077

Restaurants
MÖVENPICK
Europa-Center . 1000 Berlin

5. Interview mit Ulrike

Interviewer: Essen Sie gesundheitsbewußt?

Ulrike: Ich versuche es. Am liebsten esse ich ungesunde Sachen, wie helle Brötchen und Marmelade und Zucker. Aber ich versuche, Vollwertkost zu essen, wie zum Beispiel Vollkornbrot und Naturreis.

Interviewer: Was ist denn Ihre Lieblingsspeise?

Ulrike: Kuchen! Ich esse auch sehr gerne italienische und indische Speisen.

Interviewer: Und was halten Sie von vegetarischem Essen?

Ulrike: Das finde ich oft ganz lecker. Ich finde, es gibt sehr viele gute vegetarische Gerichte. Wir sind keine Vegetarier, aber wir essen auch nicht jeden Tag Fleisch – vielleicht zweimal in der Woche.

Interviewer: Und was essen Sie zum Frühstück?

Ulrike: Also, wenn ich Zeit habe, esse ich zwei Brötchen, ein helles und ein dunkles. Auf dem dunklen esse ich Wurst oder Käse und auf dem hellen Marmelade. Dazu trinke ich Kaffee, und manchmal esse ich ein Ei. Aber meistens habe ich keine Zeit. Dann esse ich Toast mit Marmelade oder Müsli.

Interviewer: Und was halten Sie für typisch englisches Essen?

Ulrike: Yorkshire Pudding! Den habe ich in England gegessen, und er hat mir sehr gut geschmeckt. Sherry Trifle ist auch sehr gut. Der war in England eine meiner Lieblingsspeisen.

Interviewer: Was halten Sie für typisch deutsches Essen?

Ulrike: Alles mit Kartoffeln! Die Deutschen essen sehr viel Kartoffeln. Ein typisches Gericht ist Kassler (das ist geräuchertes Schweinefleisch) mit Kartoffeln und Sauerkraut. Oder Sauerbraten, den ißt man mit Nudeln.

Interviewer: Und was ist eine Berliner Spezialität?

Ulrike: Das ist schwierig. Berlin ist eine multikulturelle Stadt, also kommt vieles Essen aus dem Ausland. Eine traditionelle Spezialität sind Buletten (also Fleischbällchen). Aber eine neue Spezialität ist Döner Kebab. Das essen unsere türkischen Mitbürger sehr gerne, und jetzt gibt es das überall in Berlin.

Übung 19   Wie sagt man…?

1. I try (to).
2. Unhealthy things.
3. Wholemeal bread.
4. Delicious.
5. Vegetarian dishes/meals.
6. It was/tasted very good.
7. One of my favourite foods/dishes.
8. From abroad.
9. A traditional speciality.
10. Fellow citizens.

Übung 20   Beantworte die Fragen!

1. Was ißt Ulrike gern?
2. Was hält sie von vegetarischem Essen?
3. Was ißt Ulrike zum Frühstück?
4. Was hält sie von Trifle und Yorkshire Pudding?
5. Was essen die Deutschen gern?

Übung 21   Und du? Frag deine Mitschüler!

1. Ißt du gesundheitsbewußt? Warum (nicht)?
2. Was ist deine Lieblingsspeise? Warum?
3. Was hältst du von vegetarischem Essen?
4. Was ißt du zum Frühstück?
5. Was hältst du für typisch englisches Essen?

La Estancia
Typisch Lateinamerikanische Spezialitäten

geöffnet
18.30—2.00 Uhr
Küche bis 1.00 Uhr

Bundesallee 45, Berlin 31
Telefon 861 31 13
U-Bahn Berliner Str. Bus 4.7

SEIT ER DAS WERBEFERNSEHEN SEHEN DARF, WILL ER SEIN FUTTER SELBER AUSSUCHEN!

5 Wortübungen   Wortspiele   Wortübungen   Wortspiele

1. Was paßt hier nicht?

(a) Paar   Tüte   Päckchen   Paket
(b) Handtasche   Brieftasche   Portemonnaie   Geldbörse
(c) Ding   Sache   Artikel   Tüte
(d) Schachtel   Sandale   Schuh   Stiefel
(e) Schein   Münze   Scheck   Karte
(f) Metzgerei   Münzwäscherei   Konditorei   Fleischerei
(g) Erdgeschoß   Etage   Stockwerk   Abteilung
(h) Seide   Aufkleber   Stahl   Wildleder
(j) Bockwurst   Pilz   Wiener Schnitzel   Kotelett
(k) Bier   Saft   Mineralwasser   Erfrischungsgetränk
(l) Bohne   Pilz   Sauerkraut   Kompott
(m) Café   Schenke   Wirtshaus   Kneipe
(n) Salz   Zwiebel   Essig   Pfeffer
(p) Teller   Messer   Gabel   Löffel
(q) Becher   Glas   Tasse   Dose
(r) Stück   Scheibe   Paar   Dose
(s) Frühstück   Mittagessen   Abendessen   Hauptmahlzeit
(t) einschl.   engl.   inbegr.   gem.

2. Wo arbeitet...?

(a) die Apothekerin.
(b) der Drogist.
(c) der Buchhändler.
(d) der Fleischer.
(e) die Schreibwarenhändlerin.
(f) der Beamte.

3. Wer arbeitet in der/im...?

(a) Bäckerei.
(b) Geschäft.
(c) Friseursalon.
(d) Metzgerei.
(e) Café.
(f) Wirtschaft.

4. Wie viele Worte kennst du aus dem Themenbereich „Einkaufen" und „Essen" mit...?

(a) Wurst.   (c) Ge-.   (e) -tisch.   (g) Unter-.
(b) Kohl.   (d) Apfel.   (f) ein-.

5. Füge die Hälften wieder zusammen!

(a) Stamm   stube
(b) Korken   ferien
(c) Rosen   zieher
(d) Stroh   anweisung
(e) Vor   wolle
(f) Speise   kohl
(g) Imbiß   geschoß
(h) Gebrauchs   karte
(j) Ober   speise
(k) Betriebs   halm
(l) Baum   tisch

Wortübungen Wortspiele Wortübungen Wortspiele

5

6. Was kauft man wo?

   (a) in der Apotheke
   (b) in der Drogerie
   (c) im Supermarkt
   (d) in der Schreibwaren-Abteilung
   (e) in der Herrenkonfektions-Abteilung
   (f) im Kaufhaus
   (g) im Obstladen
   (h) in der Buchhandlung
   (j) im Tabakgeschäft

   1. Zigarren
   2. einen Kuli
   3. Aspirin
   4. Pfirsiche
   5. einen Anzug
   6. Sonnenöl
   7. einen Atlas
   8. Koffer
   9. Schinken

7. Erkläre einem englischen Freund/einer englischen Freundin:

   Beispiel
   Öffnungszeit = die Zeit, in der ein Geschäft offen ist

   (a) Sonderangebot =
   (b) Kassenzettel =
   (c) Waschpulver =
   (d) Einkaufswagen =
   (e) Taschentuch =
   (f) Quittung =

10. Kennst du einen anderen Ausdruck für…?

    (a) Apfelsine.
    (b) Artikel.
    (c) Etage.
    (d) Geschäft.
    (e) Groschen.
    (f) Lift.
    (g) Ausverkauf.
    (h) Portemonnaie.
    (j) Fleischerei.
    (k) Kassenzettel.
    (l) Packung.
    (m) Kunststoff.
    (n) Warenhaus.
    (p) Keks.
    (q) Abendbrot.
    (r) Pils.
    (s) Champignon.
    (t) Erfrischung.
    (v) Herr Ober!
    (w) Kneipe.
    (x) Nachtisch.
    (y) Sprudel.
    (z) die Rechnung, bitte.

8. Ordne diese Worte in zwei Listen ein!

   Lebensmittel   Geschirr/Besteck

   Butterbrot, Eintopf, Erfrischung, Getränk, Gabel, Gericht, Imbiß, Kalte Platte, Korkenzieher, Löffel, Messer, Schale, Schüssel, Senf, Strohhalm, Teller, Untertasse, Vorspeise

11. Vervollständige diese Liste!

    Beispiel
    Teller, Tasse… Glas, Untertasse, usw.

    (a) Messer, Gabel…
    (b) Rindfleisch, Lammfleisch…
    (c) Bratwurst, Currywurst…
    (d) Untergeschoß, Erdgeschoß…
    (e) Päckchen, Tüte…
    (f) Sonderangebot, Ausverkauf…
    (g) Banane, Apfelsine…
    (h) bedienen, bestellen…
    (j) Fleisch, Obst…
    (k) Hemd, Hose…
    (l) Plastik, Holz…
    (m) Restaurant, Café…
    (n) Kartoffel, Bohne…
    (p) Frühstück, Abendessen…
    (q) Bier, Schnaps…

9. Teile diese Worte in drei Kategorien ein!

   Obst   Gemüse   Fleisch/Fisch

   Apfelstrudel, Gulasch, Knoblauch, Kirsche, Bratwurst, Mus, Erbse, Forelle, Himbeere, Kohl, Erdbeere, Bohne, Kotelett, Kompott, Saft, Hähnchen, Schinken

6 Eine Magenverstimmung

Anna: Karin, wann bist du endlich im Badezimmer fertig? Ich muß dringend aufs Klo!

Karin: Sofort!
(*Sie kommt aus dem Badezimmer*)
Mir ist immer noch so übel.

Anna: Hast du wieder brechen müssen?

Karin: Nein, seit heute morgen nicht mehr.
(*Anna verschwindet im Badezimmer*)
(*später*)

Karin: Wir müssen wohl gestern etwas Falsches gegessen haben. Oder meinst du, es ist eine Magen- und Darmgrippe? Aber ich weiß nicht, wo wir uns angesteckt haben könnten.

Anna: Ich habe die Sahnetorte gestern nachmittag in Verdacht. Die schmeckte so komisch. Vielleicht war die Sahne schlecht.

Karin: Ja, das kann schon sein. Wir gehen am besten zur Apotheke und lassen uns etwas gegen Magenverstimmung geben.

„Mir ist sooo schlecht!"

„Was haben Sie denn gestern abend gegessen?"

„Gar nicht viel. Nur..."

„...zwei Bratwürstchen mit Fritten und Mayonnaise"

„...ein Schüsselchen Gulaschsuppe"

„...und ein winziges Tütchen Kartoffelchips"

„...drei kleine Stückchen Sahnetorte"

Diese Liste von Krankheiten brauchst du für Übung 5 auf Seite 83.

1. Verstopfung.
2. Grippe.
3. verliebt!
4. Zahnschmerzen.
5. Magenverstimmung.
6. betrunken!
7. Asthma.

BESETZT

Arzneimittel aus der Apotheke – Man kann sich darauf verlassen

Wichtige Rufnummern

Apotheken-Notruf	11 14
ärztlicher Notdienst	31 00 31
zahnärztlicher Notdienst	11 14
Feuerwehr	112
Überfall-Unfall	110
Telefon-Seelsorge	1 11 01
Vergiftungen im Kindesalter	3 02 30 22

PARK-APOTHEKE

Pächter Apotheker Rainer Schaberg

Berlin-Frohnau, Zeltinger Platz 7
Telefon 4 01 10 58/59

In der Apotheke

Karin: Guten Tag. Wir haben beide Durchfall und Erbrechen. Haben Sie etwas gegen Magenverstimmung?

Apothekerin: Seit wann haben Sie denn diese Symptome?

Anna: Seit heute früh – uns war beiden schlecht, als wir aufgestanden sind. Wir vermuten, daß wir gestern verdorbene Sahne gegessen haben.

Apothekerin: Ist Ihnen denn jetzt noch übel?

Anna: Nein, und der Durchfall ist auch besser geworden. Aber ich bin sehr schlapp.

Karin: Ich auch. Wir haben uns beide mehrmals übergeben müssen.

Apothekerin: Dann brauchen Sie also beide nur ein Mittel, das den Magen und Darm etwas beruhigt. Ich habe hier ein Kamillenpräparat. Davon nehmen Sie alle zwei bis drei Stunden 5 Tropfen in etwas Wasser.

Karin: Danke, das nehmen wir.

Anna: Ich bin etwas beunruhigt, weil ich regelmäßig Medikamente gegen Asthma nehmen muß. Ich weiß nicht, ob meine Tabletten nach dem Durchfall und Erbrechen noch wirken.

Apothekerin: Ist Ihnen schwindelig? Oder sind Sie atemlos?

Anna: Nein, eigentlich nicht.

Apothekerin: Dann sollte alles in Ordnung sein. Aber wenn Sie sich Sorgen machen, rufen Sie besser Ihren Hausarzt an.

Vor der Apotheke

Anna: Meine Hausärztin wohnt in Nottingham. Die kann ich wohl kaum anrufen.

Karin: Hast du denn Angst, daß dein Asthma schlimmer wird?

Anna: Nein, außer dem Durchfall bin ich wieder in Ordnung. Aber jetzt brauche ich schon wieder ein Klo!

6

Anna und Karin sitzen in ihrem Zimmer in der Pension. Jörgs Mutter hat ihnen Kamillentee und Zwieback gebracht, und einen Stoß Zeitungen. Jörg wollte die beiden besuchen kommen, aber beide wollen sich lieber erst wieder ganz wohl fühlen, bevor sie ihre Freunde sehen möchten.

Karin: Du, Anna, bist du eigentlich krankenversichert?

Anna: Ja, also, wir haben ja den National Health Service in England. Deshalb brauche ich keine Krankenversicherung. Und wenn ich in andere EG-Länder fahre, fülle ich zu Hause ein Formular aus, und dann bezahlt der NHS meine Krankenkosten im Ausland.

Karin: Du könntest also in Berlin ohne Schwierigkeiten zum Arzt gehen, wenn dein Asthma schlimmer wird?

Anna: Ja, ich muß dem Arzt nur meinen E-111-Schein zeigen.

Karin: Ich bin privat versichert. Mein Vater ist in einer Krankenkasse für Beamte. Wenn wir zum Arzt müssen oder Medizin brauchen, bezahlt er das erst selbst, aber er bekommt das Geld dann von der Krankenkasse zurück.

Anna: Manche Leute sind auch in England privat versichert, aber viel weniger als in Deutschland.

Karin: Ja, weil euer Gesundheitssystem anders organisiert ist.

Jeder Arbeiter oder Angestellte muß in der BRD krankenversichert sein.

Ich bin in der AOK-Allgemeine Ortskrankenkasse. Ich bezahle nichts für meine Krankenbehandlung, aber ich zahle monatliche Beträge an die AOK.

Ich bin privat versichert. Meine Familie und ich gehen aber zum gleichen Arzt und ins gleiche Krankenhaus wie AOK-Patienten.

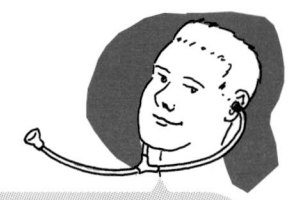

Ich bin Arzt. Ich habe AOK-Patienten und private Patienten. Ich behandle alle Patienten gleich. Wer zu mir kommt, muß einen Krankenschein mitbringen. Der Krankenschein sagt mir, von welcher Krankenkasse ich bezahlt werde.

Es ist ein kompliziertes System, aber es funktioniert!

Übung 1 Wie sagt man…?

Sieh dir Seiten 80–82 an!

1. I feel sick.
2. Perhaps the cream was off.
3. Diarrhoea.
4. To be sick.
5. Drops.
6. I am a bit worried.
7. Do you feel dizzy?
8. Breathless.
9. Insured.
10. Medical/health insurance company.
11. To treat.
12. A health insurance certificate.
13. It works.

Übung 2 Beantworte die Fragen!

1. Was ist mit Anna und Karin los?
2. Warum geht es ihnen nicht gut?
3. Was möchte die Apothekerin von ihnen wissen?
4. Was verkauft sie ihnen und wie oft sollen sie es nehmen?
5. Warum muß Anna regelmäßig Medikamente nehmen?
6. Was soll sie machen, wenn sie sich weiterhin Sorgen macht?
7. Wie ist Karin versichert?
8. Was ist ein Krankenschein?

Übung 3 Wortschlangen

Wie viele Wörter kannst du finden und was bedeuten sie?

1. BAUCHEIMWEHUSTENASERSTEHILFERKÄLTUNGIPSCHWINDELIGESICHTAUBLASS

2. KÖRPERBEHINDERTAUBLUTODURCHFALLEBENSGEFAHRETTENIESENASSCHWITZEN

3. KLINIKNIERKÄLTENERVÖSTUMMUNDAUMENEUGIERIGESUNDHEITERMINOTFALL

Übung 4 Was gehört zusammen?

1. unter   fall
2. Durch   wehr
3. Erste   suchen
4. Ver   arzt
5. Kur   gefahr
6. Heim   weh
7. Kranken   haus
8. atem   tun
9. Feuer   haus
10. Heft   pflaster
11. körper   los
12. Lebens   hilfe
13. Zahn   stopfung
14. weh   behindert

Übung 5 Arbeite mit einem Partner oder einer Partnerin zusammen!

Partner A sieht sich die Liste der Krankheiten auf Seite 80 an. Partner B beschreibt die Krankheitssymptome auf dieser Seite, und Partner A sagt den Namen der Krankheit.

Beispiel
dauernd aufs Klo müssen = B: Ich muß dauernd aufs Klo gehen.
A: Sie haben Durchfall.

1. Magenschmerzen, sich übergeben.
2. 38 Grad Fieber, Husten und Niesen.
3. Husten, atemlos, schwindelig.
4. sich übergeben, schwindelig, alles doppelt sehen.
5. Magenschmerzen, nicht aufs Klo gehen können.
6. starkes Herzklopfen, sprachlos.
7. Verband um das Gesicht, Schmerzen.

Anna: Was für Zeitungen hat Jörgs Mutter uns denn gebracht?

Karin: Das hier ist die „Berliner Zeitung", das ist eine lokale Tageszeitung, und das hier ist die „Tageszeitung", auch eine Berliner Zeitung. Die Zeitschrift hier ist „Freundin", die ist für junge Mädchen, das hier ist „Hörzu", eine Radio- und Fernsehzeitung, und das hier ist „der Spiegel", ein politisches Nachrichtenmagazin.

Anna: Liest du regelmäßig die Zeitung?

Karin: Ja, ich lese jeden Tag die Tageszeitung. Manchmal habe ich allerdings nicht genug Zeit, dann überfliege ich sie nur. Meine Eltern haben „Hörzu", die blättere ich jede Woche durch, und manchmal kaufe ich mir eine Zeitschrift oder eine Illustrierte, wenn ich viel Zeit habe. Und du?

Anna: Meine Eltern lesen den „Guardian", das ist eine Tageszeitung, die schaue ich mir an, wenn ich die Zeit dazu finde. Und dann lese ich einmal pro Woche unsere Lokalzeitung. Am Sonntag haben wir eine Sonntagszeitung, die lese ich auch ganz gerne. Für Zeitungen oder Zeitschriften habe ich eigentlich keine Zeit, aber manchmal kaufe ich mir „Smash Hits", das ist eine Popmusik-Zeitschrift, oder „Cosmopolitan", das ist ein Magazin für Frauen.

Anna: Welchen Teil der Zeitung liest du gerade?

Karin: Das hier sind die politischen Nachrichten. Dann gibt es noch „Feuilleton", also Kultur, und „Wirtschaft", „Sport", „Fernsehen" und „Tagesspiegel", das sind interessante oder unterhaltsame Geschichten aus aller Welt.

Anna: Gibst du mir bitte den „Tagesspiegel"?

6

Eva
– Liest du regelmäßig eine Zeitung?
– Nein, da mir dazu die Zeit fehlt. Am Wochenende oder in den Ferien lese ich manchmal den „Tagesspiegel". Ich lese die Rubriken „aktuelle Politik", „Neues aus aller Welt" und „Berlin". Rubriken wie „Wirtschaft" oder „Finanzen" lese ich nicht, da mich das nicht so interessiert.

Ulrike
– Lesen Sie regelmäßig eine Zeitung?
– Nein, dazu habe ich keine Zeit. Ich lese manchmal eine Berliner Tageszeitung, die hat auch nationale und internationale Nachrichten. Ich lese darin den Leitartikel und die aktuelle Tagespolitik.
– Lesen Sie Zeitschriften?
– Ab und zu den „Spiegel", das ist ein politisches Nachrichtenmagazin. Und manchmal lese ich die Zeitschrift „Natur", das ist ein Umweltmagazin.

Übung 6
Welche Schlagzeile paßt zu welchem Thema?

1. Kultur
2. Sport
3. Autos
4. Urlaub
5. Tagesnachrichten
6. Tagesspiegel
7. Kriminalität
8. Umwelt

Liest du Lesen Sie	regelmäßig eine	Zeitung? Zeitschrift?
Ja, ich lese	jeden Tag jede Woche	die Tageszeitung. die Lokalzeitung. die Sonntagszeitung. eine Fernsehzeitschrift.

Nein, dazu habe ich keine Zeit.

A VERZWEIFELTE SUCHE NACH DEM SAUBEREN ÖKO-AUTO

B 1. FC KÖLN IM SIEGESTAUMEL NACH 2:0 ÜBER BAYERN MÜNCHEN

C Großbritannien verkaufte Uranium an den Irak

D Kindesentführung: Weiterhin keine Spur von Baby Sabine

E Alleinstehende Mütter sind die besseren Eltern! sagt eine Studie in den USA

F Polizei hilflos – weiterhin Einbrüche in der Innenstadt

G Sollte die englische Königin Steuern zahlen?

H Das neue Image: harte Frauen, weiche Männer

J HEIßER ROCK DIE GANZE NACHT – DIE NACHBARN BESCHWEREN SICH

K Erneute Flutkatastrophe in Sri Lanka

L BILLIGREISEN AUF DIE INSEL KOS

M NEUE MOLIERE-INSZENIERUNG IN FRANKFURT

N Der neue Renault ist ein heißer Renner

P Silber für deutsche Radlerinnen

fünfundachtzig

Wer seinen Müll verbrennt, der muß 400 Mark bezahlen

Berlin, 18. April

Für wildes Ablagern oder Verbrennen von Hausmüll werden in Potsdam saftige Bußgelder bis zu 400 Mark erhoben. Bei größeren Sperrmüllmengen muß man bis zu 3000 Mark und bei ungenehmigter Entsorgung von Altreifen bis zu 2000 Mark zahlen.

Das Umweltdezernat des Potsdamer Magistrats: Ab sofort werden Ordnungswidrigkeiten von der Stadtverwaltung verfolgt und geahndet. **Beim Verdacht einer umweltgefährdenden Abfallbeseitigung wird zudem die Staatsanwaltschaft eingeschaltet.**

Das Abkippen von Bauschutt in die märkische Landschaft kann mit 3000 Mark Bußgeld geahndet werden. Wer sein Autowrack der Natur zur weiteren Verwendung überläßt, muß Geldbußen zwischen sechshundert und zweitausend Mark zahlen. Rechtsgrundlage für das verschärfte Vorgehen ist die in Kraft getretene Verordnung der Landesregierung, die den Landkreisen und Städten die Zuständigkeit für die Verfolgung solcher Delikte überträgt.

Ziel der Maßnahmen ist vor allem, die Entstehung wilder Müllkippen zu unterbinden.

Wer nur das Schild entfernt, macht es sich zu einfach

In Berlin wurde die Hertzbergstraße im Ostteil der Stadt von den Anwohnern in „Wrack-Allee" unbenannt. Dort werden altersschwache Trabbis einfach abgestellt. Wer das in Potsdam macht, muß mit saftigen Geldbußen rechnen. Die Bußgelder liegen zwischen sechshundert und zweitausend Mark. Obwohl die Besitzer die Nummernschilder abschrauben, können die Fahrzeug-Halter aufgrund der Fahrgestellnummer ermittelt werden

---

Karin: Schau mal, Anna, das Foto hier! Da haben Leute ihre alten Trabbis einfach an der Straße abgestellt.

Anna: Was sind Trabbis?

Karin: Das sind „Trabant"-Autos, die in der ehemaligen DDR viel gefahren wurden. Aber sie sind sehr altmodisch. Und hier in dem Artikel steht, daß man saftige Geldstrafen zahlen muß, wenn man seinen Müll einfach in die Landschaft wirft oder verbrennt.

Anna: Das finde ich gut! Wir haben in England auch viele Probleme mit Abfall und wilden Müllkippen. Es gibt viel zu viel Abfall, den die Leute einfach auf die Straße werfen.

Karin: Ja, das ist mir aufgefallen, als ich dich besucht habe. Sind die Engländer denn nicht an ihrer Umwelt interessiert?

Anna: Doch! Zumindest wir jungen Leute. Ich bin in einem Naturschutzverein, der viele Aktionen für die Umwelt organisiert. Wir sammeln im Wald Abfall ein, wir bauen Nistkästen für Vögel, wir haben auf Schulhöfen Container für Altglas und Altpapier aufgestellt, und wir informieren die Bevölkerung mit Plakaten und so. Aber die ältere Generation findet unsere Gruppe etwas seltsam.

Karin: Ich glaube, in Deutschland sind die Leute ziemlich umweltbewußt. Wir haben eine politische Partei, „die Grünen", die sich sehr für den Umweltschutz engagiert, und Umweltverschmutzung und Umweltprobleme sind dauernd in den Nachrichten. Ich finde Umweltschutz sehr wichtig, schließlich möchte ich nicht in einer dreckigen, giftigen Welt leben.

Robbensterben, Algenpest, Waldsterben, Ozonloch, Smog, Wasserverseuchung:

Fast täglich lesen wir in der Zeitung Meldungen über die Zerstörung von Natur und Umwelt durch die Menschen.

Viele Leute sagen: Das geht mich nichts an, daran sind die anderen Schuld. Aber immer mehr Menschen merken: Wir müssen jetzt selber etwas für den Umweltschutz tun.

Viele deutsche Jugendliche wollen etwas gegen Umweltverschmutzung tun. Schüler und Schülerinnen der Hauptschule Weilerbach bei Kaiserslautern haben zusammen mit einem Lehrer ihren Schulhof in eine kleine Naturlandschaft verwandelt.

Matthias Fischer (13 Jahre) gehört schon seit zwei Jahren zur Arbeitsgruppe „Gartenwichtel". Zwei Stunden in der Woche sät oder erntet er mit 11 anderen Schülern Gemüse im Bauerngarten, pflanzt Blumen oder baut Nistplätze für Vögel. Es macht ihm Spaß, der Natur zu helfen. „Ich finde die Arbeitsgruppe sehr wichtig. Man kann hier viel über die Natur lernen. Wenn sich keiner um die Umwelt kümmert, werden die Probleme immer größer", erklärt er. Vor drei Jahren war der Schulhof noch ein großer Rasen. Das störte den Lehrer Volker Gabel. Mit mehreren Schülern legte er einen Teich an. Bald darauf folgten weitere Projekte.

Heute steht eine Hecke zwischen der Naturanlage und dem Schulhof. In einem Bauerngarten wachsen Tomaten, Bohnen und andere Gemüsesorten. Kunstdünger oder Gifte gegen Schädlinge sind im Naturgarten verboten. Diese Stoffe verseuchen Boden und Grundwasser. Auch für die Tiere haben die Jugendlichen einen Lebensraum geschaffen. Jeden Herbst kehren Matthias und die anderen Schüler der Arbeitsgemeinschaft das Laub zu einem Haufen. Unter den Blättern können Igel und andere Tiere Winterschlaf halten. Für Käfer und Insekten haben die Schüler Äste aufgeschichtet. Auch in ihre „Gartenarche" sind Tiere eingezogen. Die „Gartenarche" ist ein Haus aus Stämmen, Draht und Lehmwänden. Das Innere ist mit Steinen, Holz und Holzwolle ausgefüllt. Wespen, Spinnen, Wildbienen, Vögel, Mäuse und Marder kommen dorthin.

Matthias engagiert sich auch zu Hause für den Umwelt- und Naturschutz. Seine Eltern hat er überzeugt: Küchenabfälle kommen auf einen Komposthaufen und nicht wie früher in den Müll. Mit dem Kompost kann man den Garten umweltfreundlich düngen – ohne giftigen Kunstdünger. Und wie reagieren die anderen Bürger in Weilerbach? „Manche sind von unserem Naturgarten begeistert. Viele Leute legen Teiche in ihren Gärten an. Das ist zur Zeit modern. Natürlich gibt es auch Leute, die sich nicht dafür interessieren", meint Volker Gabel.

Großes Interesse zeigte jedoch der Bundesumweltminister Klaus Töpfer. Die Schüler hatten ein Plakat von dem Naturgarten gemacht. Dafür bekamen sie bei einem Wettbewerb des Bundesumweltministeriums einen Preis: Sie waren Ehrengäste beim „Tag der Umwelt" 1989 in Bonn. Aber auch viele andere Schüler, die nicht zur Arbeitsgruppe gehören, freuen sich über den Naturgarten. Volker Gabel erzählt: „Im Biologieunterricht gehe ich mit meinen Schulklassen oft in den Garten. Die Kinder sind dann sehr aufmerksam. Eine halbe Stunde draußen ist besser als drei Stunden im Klassenzimmer!"

Übung 7   Beantworte die Fragen!

1. Was machen einige Leute mit ihren alten Trabbis?
2. Wann muß man DM 2000 Strafe zahlen?
3. Was findet Anna gut?
4. Was ist Karin in England aufgefallen?
5. Was macht Annas Gruppe?
6. Warum findet Karin Umweltschutz wichtig?
7. Was macht die Arbeitsgruppe „Gartenwichtel"?
8. Was machen Matthias' Eltern für den Umweltschutz?
9. Wie reagieren die anderen Bürger in Weilerbach?
10. Wofür bekamen die Schüler einen Preis?

Wieso betoniert ihr die Welt zu? Wir wollen leben!

WENN DIE ERDE SCHREIEN KÖNNTE, WÄREN WIR ALLE TAUB

Erst wenn der letzte Baum gerodet, der letzte Fluß vergiftet und der letzte Fisch gefangen ist, werdet ihr feststellen, daß man Geld nicht essen kann.

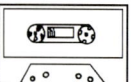

Das Solarmobil Pinky braucht kein Benzin, nur die Sonne. Warum testen Forscher natürliche Energiequellen wie Sonne, Wind und Wellen? Weil der Alltag so aussieht: stinkende Autoabgase, sterbende Wälder und wachsender Energieverbrauch. Auch Einwegverpackungen sind ein Problem: Die Herstellung von Milchtüten, Joghurtbechern und Coladosen kostet Energie und Rohstoffe. Nach Gebrauch schmeißt man die Verpackungen einfach weg, die Müllberge wachsen.

,,Meine Eltern fahren auf der Autobahn langsamer. Sie sparen Benzin. Ich bin umweltbewußt erzogen worden. Wenn ich aus dem Zimmer gehe, mache ich immer das Licht aus. Im Winter drehe ich die Heizung ab, sobald ich das Haus verlasse. Beim Einkaufen achte ich auf die Verpackung. Joghurt zum Beispiel kaufe ich im Glas, nicht in Pappbechern.'' **Christoph, 15**

,,Ich bade nicht in der Badewanne, sondern dusche. Dabei verbrauche ich weniger Wasser. Papier und Glas schmeiße ich nur in Spezialcontainer, die stehen in jedem Stadtteil. Dafür laufe ich gern ein paar Meter. Meine Mutter denkt auch an die Umwelt. Im Supermarkt macht sie zum Beispiel die Verpackungen ab und läßt sie einfach liegen. Meine Schwester und mein Vater interessieren sich wenig für den Umweltschutz. Sie sind zu bequem.'' **Ines, 18**

,,UMWELTSCHUTZ
Wir haben Schüler gefragt: ,,Wie spart ihr und eure

„Alufolie, Kunststoffabfälle usw. gebe ich an den Sammelstellen ab, weil Umweltschutz für mich wichtig ist. Von diesen Sammelstellen sollte es viel mehr geben. Wenn die öffentlichen Verkehrsmittel öfter kämen und billiger wären, würde ich sie viel mehr benutzen. So lasse ich mich lieber mit dem Auto bringen oder abholen. Jeder einzelne muß viel mehr an die Umwelt denken. Stattdessen waschen viele jeden Samstag die Autos. Meine Mutter hat jetzt einen Zweitwagen; seitdem fährt sie viel öfter Auto." **Verena, 17**

„Wir haben versucht, die Cola-Dosen in der Schule durch Glasflaschen zu ersetzen. Aber Cola in Glasflaschen ist teurer. Deshalb blieb alles, wie es war. Wir bringen Pappe zu Sammelstellen, und im Fotokopierer benutzen wir nur Recyclingpapier. Aber auf die wirklich wichtigen Sachen haben wir keinen Einfluß: die Zerstörung des Regenwaldes in der ganzen Welt, das Ozonloch usw." **Anne, 17**

„Beim Einkaufen denke ich selten an die Umwelt. Außerdem gibt es viele Produkte nur in Dosen. Und mit dem Auto oder Motorrad bin ich schneller als mit dem Bus oder der Straßenbahn. Meiner Meinung nach darf man den Umweltschutz nicht dem einzelnen überlassen. Man muß ihn erzwingen. In Hamburg zum Beispiel durfte man vor Weihnachten nicht mehr in die Innenstadt fahren. Nur so kann man die Probleme lösen."
Stephan, 16

Übung 8   Und du? Frag deine Mitschüler!

1. Liest du regelmäßig eine Tageszeitung? Welche? Welche Rubriken liest du?
2. Liest du regelmäßig eine Sonntagszeitung? Welche? Wie findest du sie?
3. Liest du regelmäßig eine lokale Tageszeitung? Was interessiert dich darin?
4. Kaufst du dir Zeitschriften? Welche? Welche Themen behandeln sie?
5. Liest du eine Fernsehzeitschrift? Welche?
6. Wie viele Stunden pro Woche liest du Zeitungen und Zeitschriften?
7. Was machst du für den Umweltschutz?
8. Was machen deine Eltern?
9. Was macht deine Schule?
10. Würdest du auf die Straße gehen, um gegen die Umweltverschmutzung zu protestieren? Warum (nicht)?

GEHT JEDEN AN"
Familie Energie, und was tut ihr für die Umwelt?"

Was gibt es heute im Fernsehen?

Karin: Mal sehen, was es heute abend im Fernsehen gibt. Mm, da ist mal wieder eine Menge Sport. Darauf habe ich gar keine Lust!

Anna: Das sind ja nichts als amerikanische Filme!

Karin: Wir haben auch deutsche Spielfilme, aber die meisten Filme im Fernsehen kommen aus dem Ausland: aus Amerika, England, Italien, Frankreich und so.

Anna: Habt ihr auch Seifenopern, so wie „Coronation Street"?

Karin: Wir haben Familienserien, die sind ähnlich, und die „Lindenstraße", das ist eine Sendung, die „Coronation Street" imitiert. Sie ist ganz gut und ziemlich beliebt.

Anna: Ich sehe gerne Natursendungen, über Tiere und fremde Länder. Die sind im englischen Fernsehen sehr gut, weil sie hervorragend gefilmt und kommentiert sind. Und ich sehe gerne Musiksendungen mit den neuesten Hits und Videos.

Karin: Ich sehe mir jeden Abend die Nachrichten an, und jeden Freitag das „Auslandsjournal", mit Berichten darüber, was in anderen Ländern passiert. Und ich sehe gerne Krimis und Spielfilme.

Anna: Interessiert dich etwas im heutigen Programm?

Karin: Wenn es nicht so spät wäre, würde ich mir „Nacht der Wölfe" im ARD-Programm ansehen, das ist sicher sehr interessant.

In diesem Heft

HÖrZU Axel-Springer-Platz 1, 2000 Hamburg 36, Telefon: 040/347 00

Titelgeschichte
Iris Berben: Was mich an einigen Kollegen ärgert — **14**

Aktuell
Zum Bundesliga-Start: Wann haben Fußball-Profis ihr bestes Alter? — **16**
Fußball im Fernsehen: Wie die Sender sich den Kuchen aufteilen — **16**
Kino: Will Tremper gibt Filmtips — **17**

Berichte & Reportagen
Frau Kinski, haben Sie Ihren Vater jemals geliebt? — **6**
Vier Fragen zum Programm — **8**
Was früher im Fernsehen verboten war — **12**
Die reichsten Söhne Europas — **104**

Trends & Tips
Freizeit: Das große Urlaubs-Quiz — **96**
Lebensberatung: Mit Bettina von Bülow — **98**
Video: Rock & Pop — **98/99**
Kosmetik: Neues für Ihre Schönheit — **100**
Gesundheit: Die zehn größten Irrtümer über Vitamine — **101**
Küche: Spezialitäten der Welt. Diesmal aus Kalifornien — **102**

Serien
KLARTEXT von Peter Striebeck — **20**
Aktion Denkmalschutz — **73**
Kurz-Roman: Ein schönes Hochzeitsfest. Von Kurt Kusenberg — **90**
Die schönsten Tierreportagen aus aller Welt (85. Folge): Die Karakaras — **92**

Rubriken
Fernseh-Börse **16**, Bingo **19**, Fernseh-Kritik **26**, Computer-Ecke **79**, Bücher: Neuerscheinungen **81**, Rätsel Auflösungen **83**, Briefmarken-Ecke **85**, Impressum **85**, Horoskop **87**, Leserbriefe **88**, Comics **108**, Preisrätsel **109**, Original und Fälschung **111**

22.30 Tagesthemen

23.00 Leichtathletik-WM
Berichte und Informationen vom Tage
1500 m, 1 · Runde (F) · 3000 m Hindernis,
Halbfinale (M) · Zehnkampf, 400 m
(M) · 5000 m, 1 · Runde (M)

23.30 Nacht der Wölfe (77 Min.)
RB Deutscher Spielfilm, 1982
Von R. Nüchtern und K.-H. Mayer (Wh.)
Daniela . . . . Daniela Obermeier
Duke . . . . Karl-Heinz von Liebezeit
Dogan . . . . Ali Arkadas
Mex . . . . Fritz Gattinger

Regie: Rüdiger Nüchtern
Der Konflikt zwischen einer türkischen und einer deutschen Jugendbande eskaliert. Bei dem Versuch einander zu verstehen, geraten ein deutsches Mädchen und ein junger Türke zwischen die Fronten. Rüdiger Nüchterns Film „Nacht der Wölfe", den Radio Bremen mitproduziert hat, ist zuerst mit großem Erfolg – vor allem bei den Jugendlichen - in den Kinos gezeigt worden.

0.50 Tagesschau
0.55 Nachtgedanken

20.00 Donnerstag-Gespräch
Antworten auf Zuschauerfragen
Studio-Telefon:
Berlin 67 13, 67 14 und 67 15

21.00 Steuer-Abc
Ihr persönlicher Steuerberater

21.05 Sport-Journal

20.30 Das Geheimnis der Puppe
DFF Kriminalfilm   75 Min.
USA 1969
Mit Sammy Davis jr.,
Dorothy Malone

23.25 Sportschau
U. a. Fußball-Bundesliga:
Wattenscheid–Leverkusen/Mönchengladbach–MSV Duisburg/Hamburger SV–Dynamo Dresden

22.45 Die Nacht hat viele Augen
W3 Spielfilm   115 Min.
USA 1987
Mit Richard Dreyfuss,
Emilio Estevez

21.00 Actionkomödie von '84 mit Eddie Murphy

Beverly Hills Cop

Mutig, frech, eifrig: Axel Foley (Eddie Murphy)

Undercover-Agent Axel Foley macht Detroit mit seiner chaotischen Art unsicher. Bei der Jagd auf seinen alten Bekannten Mikey und dessen Geld-Druckplatten verschlägt es Foley nach Beverly Hills. Gemeinsam mit der flotten Jenny trickst sich Axel durch einen Slalomkurs aus Verhaftungen und Geiselnahme der Lösung des Falls entgegen. **(101 Min.)**

Übung 9 Und du? Frag deine Mitschüler!

1. Welche Sendungen siehst du gerne?
   Was für Sendungen sind das und wann werden sie gesendet?
2. Warum interessieren dich diese Sendungen?
3. Siehst du gerne Spielfilme?
   Was war der letzte, den du gesehen hast?
4. Siehst du bei den Schularbeiten fern? Warum (nicht)?
5. Hast du deinen eigenen Fernseher? Wenn ja, wo steht er?
6. Wie viele Stunden am Tag siehst du fern?
   Findest du das viel oder wenig?
7. Siehst du regelmäßig die Nachrichten? Warum (nicht)?

Ich sehe gern	Spielfilme.
Ich interessiere mich für	Horrorfilme.
Ich mag gern	Krimis.
Interessierst du dich für	Seifenopern?
Wie findest du	die Nachrichten?

Natursendungen		
Sportsendungen		interessant.
Unterhaltungssendungen		spannend.
Politische Sendungen	finde ich	lustig.
Komische Sendungen		langweilig.
Komödien		blöd.
Popmusikprogramme		

Ich sehe alles mögliche,

	gern lache.
	mich vor dem Fernseher entspannen möchte.
…, weil ich	wissen möchte, was in der Welt passiert ist.
	mich für Sport/Politik usw. interessiere.
	gern Popvideos sehe.
	diese Sendung schon seit Jahren sehe.

…, weil der Fernseher bei uns zu Hause fast immer an ist.
…, weil meine Eltern das gern sehen.

14.30 Expeditionen ins Tierreich
Tragödie in Afrika

Am Savuti bahnt sich eine Tragödie an. Der Fluß in der Kalahari-Steppe droht auszutrocknen. Flußpferde und Krokodile kämpfen ums Überleben. Aber auch Elefanten sind in Gefahr. Auf ihrem Weg durch die Trockengebiete zu ihren Weiden finden sie das lebensspendende Wasser (Foto) immer häufiger versiegt.

18.40 Lindenstraße
Hans Beimer ist wieder mit seinen Lieben vereint

Anna Ziegler verläßt mit ihrem Baby die Klinik. Hans Beimer renoviert die Wohnung, damit nichts mehr an den Selbstmord von Friedhelm Ziegler erinnert. Helga sorgt sich um Klausi, der mit seinen Pfadfindern zu einer dreiwöchigen Tour starten will.

Glücklich: Anna Ziegler (Irene Fischer) und Hans Beimer (Joachim Hermann Luger) mit den Kindern

22.10 Das Brandenburger Tor
Berliner feiern 200. Geburtstag

28 Jahre lang war es geschlossen – als ein steinernes Symbol der deutschen Teilung. Seit 1989 ist es wieder offen – heute Symbol des vereinten Deutschland. Das Brandenburger Tor zu Berlin, 1791 fertiggestellt, hat Geschichte erlebt. Die Dokumentation blickt auf bewegte, dramatische Zeiten zurück. Dazu Höhepunkte der Geburtstagsfeier, die an diesem Abend rund um das Tor veranstaltet wird.

Das Brandenburger Tor um 1820. Lithographie

22.10 Ihr Kind kann das nächste sein...
Brennendes Problem – Drogen in Deutschland

Die Verbreitung von Drogen durch gewissenlose Dealer ist zu einer Gefahr für alle geworden. Schon Kinder werden in der Schule verführt, zum „Stoff" zu greifen. Der Einstieg ist meist der Anfang vom Ende: Im ersten Halbjahr 1991 starben bereits 889 Abhängige an den Folgen. Wie ist der Kriminalität zu begegnen? Wie können Eltern auf die Sucht ihrer Kinder reagieren? Fragen, über die diskutiert wird.

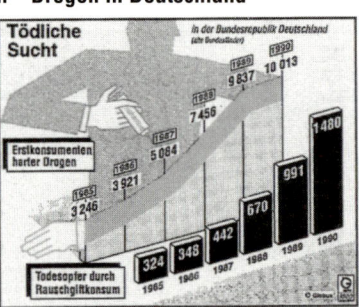

Statistische Zahlen, die betroffen machen

20.25 NORD 3 — James Bond 007 – Feuerball
Bonds gefährlicher Gegner Emilio Largo (Adolfo Celi, li.) ist mit seiner Yacht und den geraubten Atombomben unterwegs nach Miami. In wenigen Stunden läuft das Ultimatum, das die Verbrecherorganisation der britischen Regierung gestellt hat, ab.

21.45 Dallas
„Feine Geschäfte" und viel Rache: J.R. und seine rassige Verbündete

J.R. lernt die attraktive Carmen Esperanza kennen, Schwägerin der Lee Ann, die ihn um die Firma gebracht hat. Auch Carmen will sich an Lee Ann rächen. Und natürlich intrigiert J.R. weiter gegen Cliff Barnes. **(ca. 45 Minuten)**

Es spielen: Bobby (Patrick Duffy), April (Sheree J. Wilson), McKay (George Kennedy), Cliff (Ken Kercheval)

J.R. (Larry Hagman), hingerissen von Carmen (Barbara Luna)

23.30 Draculas Rückkehr
Horrorfilm von 1968 mit Christopher Lee

Der Appetit kommt beim Beißen: Graf Dracula (Christopher Lee), Maria (Veronica Carlson)

Dracula findet seine unschuldigen Opfer im Umkreis eines beschaulichen Dorfes. Weder Gebete noch Kruzifixe können den Beißer aufhalten. Als der blutgierige Graf auch noch die Nichte des Prälaten belästigt, nimmt deren Liebhaber Paul den Kampf auf. **(89 Min.)**

Es spielen: L'Eveque (Rupert Davies), Paul (Barry Andrews), Zena (Barbara Ewing) u.a.

Fußball-Supercup
Dramatisches Duell der Meister aus Ost und West

Die letzte Fußball-Entscheidung des alten Spieljahres fällt in der neuen Saison: Drei Tage vor dem Start der Bundesliga-Spielzeit 1991/92 beginnt das Vierer-Turnier, in dem der deutsche Supercup vergeben wird – ein sicher spannendes Duell der Meister und Pokalsieger aus Ost und West.

Im renovierten Ostsee-Stadion in Rostock treffen am Dienstag, dem 30. Juli, der gastgebende ostdeutsche Meister und zukünftige Bundesligist

Zur Live-Übertragung des Spiels FC Hansa Rostock – 1 FC Kaiserslautern am Dienstag, 30. Juli, 20 Uhr, ZDF

FC Hansa Rostock und der westdeutsche Meister 1. FC Kaiserslautern aufeinander.

Einen Tag später spielt in Osnabrück Pokalsieger Werder Bremen gegen Stahl Eisenhüttenstadt (künftig in der Oberliga). Rostock hatte die Meisterschale und den Pokal gewonnen. Deswegen muß der Verlierer des Ost-Pokalfinales gegen Bremen antreten.

Bei den Rostockern wächst jetzt die Spannung. Trainer Uwe Reinders (36): „Für uns ist das eine willkommene Generalprobe für die Bundesliga-Saison – und dafür ist uns der Deutsche Meister aus Kaiserslautern gerade recht." Im übrigen gilt für ihn: „Keine Angst vor großen Tieren!"

Dem früheren Profi von Werder Bremen paßt es gut ins Konzept, „daß meine Jungs einen Vorgeschmack davon erhalten, mit welchem Tempo und Einsatz in der Bundesliga gespielt wird."

Meister-Trainer Karl-Heinz Feldkamp vom 1. FC Kaiserslautern ist neugierig, „was die Rostocker so auf die Beine stellen".

Nur eine Pflichtübung dürfte für Werder Bremen die Partie gegen den drittklassigen Stahl Eisenhüttenstadt sein. Otto Rehhagel selbstsicher: „Wir wollen uns dabei ein bißchen für die Bundesliga-Saison einschießen."

9.50 Kinderfilm von 1955 nach Grimms Märchen
Der gestiefelte Kater

Der gestiefelte Kater weiß sich zu benehmen

Ein Müller vererbt seinem Sohn den superschlauen Kater Hinz, der seinem Herrn durch einen Trick zum Grafentitel und zur Hochzeit mit einer schönen Prinzessin verhilft. **(65 Min.)**
Mit Margitta Sonke, Harry Wüstenhagen, Martin Volkmann, Helmut Ziegner, Wilhelm Grothe

23.00 Monty Python's Flying Circus
46teilige Comedyreihe. 3. Teil
Englisch mit deutschen Untertiteln

N3 **Nord 3**

Übung 10   Beantworte die Fragen!

1. Welche dieser Sendungen ist über
   - (a) Tiere?
   - (b) Sport?
   - (c) Drogen?
   - (d) Geschichte?
2. Finde je eine Sendung für diese Themen
   - (a) Kindersendung.
   - (b) Horrorfilm.
   - (c) Familienserie.
   - (d) Spielfilm.
   - (e) Komödie.
3. Was für eine Sendung ist „Das Brandenburger Tor"?

Übung 11   Wie sagt man...?

1. Suicide.
2. Opponent, enemy.
3. Sacrifice.
4. Spreading, distribution.
5. Addicts, dependents.
6. National league.
7. Cup winner.
8. The excitement.
9. Fairy tales.
10. With German subtitles.

DFF ▶ Länderkette   RTL plus   ZDF   ARD   SAT.1

Übung 12   Eine Umfrage. Interview deine Mitschüler!

1. Welche Sendungen würdest du sehen? Warum?
2. Welche Sendungen würdest du nicht sehen? Warum nicht?
3. Welche Sendungen kannst du in England sehen?
4. Welche Sendung kannst du mit einer englischen Sendung vergleichen?

6 Was liest du gerne?

Antje
Ich lese gern Bücher von Michael Ende – die „Unendliche Geschichte" und „Momo". Eigentlich sind das Kinderbücher, aber ich lese sie trotzdem immer wieder gerne.

Reiner
Ich lese am liebsten Krimis, vor allem englische, aber als Übersetzungen! Ich mag Agatha Christie oder P.D. James, aber auch deutsche Autoren wie Hans-Jörg Martin. Abenteuerromane finde ich übrigens auch toll.

Yusuf
Ich lese nicht gern Bücher – ich habe nur für Zeitschriften genug Zeit. Aber am liebsten sehe ich fern.

Ulrike
Ich lese gerne Sciencefiction, meistens amerikanische. Ich lese sie auf Englisch oder in Übersetzungen.

Nicola
Ich lese gern Sachen von Josef Reding. Wir haben eine Kurzgeschichte von ihm in der Schule gelesen, und danach habe ich mir Bücher von ihm in der Bücherei geliehen. Mir gefällt eigentlich alles, was er schreibt, Kurzgeschichten und Romane und sogar Gedichte.

Erdinç
Ich lese gerne Biografien – vor allem von Leuten, die vor mehreren Jahrhunderten gelebt haben. Leider sind manche davon in einem sehr langweiligen Stil geschrieben.

Inge
Ich lese gerne Frauenromane – je dicker das Buch, desto besser. Ich lese aber nur im Urlaub, sonst habe ich keine Zeit dazu.

Jörg
Ich lese sehr viel. Ich schaue mir immer die neusten Bestseller an, aber ich lese auch gute Literatur, am liebsten aus dem 20. Jahrhundert, zum Beispiel Thomas Mann, Hermann Hesse, Günter Grass und so.

Übung 13 Beantworte die Fragen!

1. Was für Bücher lesen diese Leute?
2. Wer liest nicht gern Bücher? Was macht er lieber?
3. Wer liest Bücher auf Englisch?
4. Wer interessiert sich für Geschichte?
5. Wer liest gern Bücher mit vielen Seiten?

Eva

Zeitschriften oder Magazine lese ich überhaupt nicht. Literatur lese ich in meiner Freizeit nicht, da wir in der Schule genug davon lesen, aber ich lese gern Unterhaltungsbücher. Mein Lieblingsautor ist Johannes Mario Simmel. Ich mag seine Bücher, weil er in Romanform über aktuelle Probleme (z.B. Drogensucht) schreibt. Meiner Meinung nach ist „Doch mit den Clowns kamen die Tränen" sein bestes Buch. Es handelt von einer jungen Journalistin, die einen vor der Öffentlichkeit vertuschten Skandal im Forschungslabor einer Klinik aufdeckt. Das Buch zeigt die Auswirkungen, die Gentechnologie haben kann, wenn man beim Experimentieren übertreibt und keine Grenzen mehr kennt.

Übung 14 — Und du? Frag deine Mitschüler!

1. Was für Bücher liest du gern? Warum?
2. Liest du lieber Literatur oder Unterhaltungsbücher? Warum?
3. Wann liest du meistens? Warum?
4. Wer ist dein(e) Lieblingsautor(in)? Warum?
5. Was ist sein/ihr bestes Buch? Warum?

Ermunterung

Fragt, fragt, fragt,
bis man euch gesagt:
warum die Sonnenuhr nicht tickt,
warum ein Neinsager nicht nickt,
ob Ohren Augenlider haben,
ob man versichert Unglücksraben?
Fragt, fragt, fragt!

Fragt, fragt, fragt,
bis man euch gesagt:
ob nur der ein guter Mann,
der am schnellsten schießen kann,
ob nur das 'ne gute Frau,
die am blanksten putzt den Bau?
Fragt, fragt, fragt!

Fragt, fragt, fragt,
bis man euch gesagt:
wie Vater eure Mutter nahm,
wie Mutter schließlich euch bekam,
warum man Grenzen noch errichtet,
warum man Ernten heut vernichtet?
Fragt, fragt, fragt!

Fragt, fragt, fragt,
bis man euch gesagt:
warum der eine ist pampsatt,
der andere nichts zu beißen hat,
warum die einen höher stehn,
die anderen aber barfuß gehn?
Fragt, fragt, fragt!

Josef Reding
* 1929

BÜCHER MACHEN DAS LEBEN ANREGENDER.

Bücher zum Wünschen und Verschenken

HALLO!

lest Ihr auch so gerne wie ich? Ich lese fast alles: Science-fiction, Fachbücher, Abenteuergeschichten, Klassiker von Goethe und vieles mehr. Neulich habe ich ein tolles Jugendbuch gefunden, das ich an einem Abend gelesen habe. Mädchen lesen halt viel. Die Statistiker haben das jetzt auch festgestellt: Mädchen lesen viel mehr als Jungen. In der Statistik steht außerdem: Junge Menschen lesen mehr als alte Leute. Die sitzen dafür länger vor dem Fernseher. Ich kenne aber auch viele Jugendliche, die gar keine Bücher mehr lesen. Sie machen lieber Computerspiele oder schauen sich Videos an. Ich finde das schade. Ich glaube: Lesen regt die Phantasie an. Für Videospiele und Fernsehen brauche ich keine Phantasie.
Ich finde es auch wichtig, Werke der „großen" Schriftsteller wie Shakespeare oder Goethe zu kennen. Bin ich etwa altmodisch?

EURE PETRA

Europa
Interrail

Mit der Eisenbahn durch Europa

Ich war in diesem Sommer vom 22.8. bis zum 21.9. '88 mit Deinem Buch "Mit der Eisenbahn durch Europa" auf Inter-Rail-Tour. Das Buch ist so flüssig geschrieben, daß ich es schon vor der Reise "verschlungen" habe.

Ich habe Deinen Interrail-Führer geradezu mit Begeisterung verschlungen! Wen nach der Lektüre dieses Buches noch kein Reisefieber packt, dem ist wohl nicht mehr zu helfen.

Fohrer, Eberhard:
Interrail Band 1/Gesamt

Ein maßgeschneidertes Buch für Interrailer (bereits in zwei Sprachen übersetzt)! 20 europäische Länder, zusätzlich Marokko, Türkei und - brandneu - die Tschechoslowakei. Die schönsten Bahnlinien, Städte, Jugendherbergen, Sehenswürdigkeiten, Routen vom Nordkap bis Marrakesch, von Helsinki bis Ankara. Ein Muß für jeden Interrailer.

Die Zeit: "Birst geradezu vor Informationen"
690 Seiten, 29.80 DM, 4. Auflage '90, ISBN 3-923278-59-4

Englisch Auftanken

Möchten Sie Ihr Englisch gründlich überholen?

Wie hat Ann Heathrow Airport erlebt? Wie wohnt ein Musiker im Zentrum von London? Welche Gerichte bietet ein Vegetarisches Restaurant an? Diese und weitere 14 Themen, wie eine Reise buchen, ein Hotelzimmer reservieren, Essen in einem Pub oder eine Beschreibung vom Leben in Oregon.

English Super Plus Easy
3 Hörcassetten (136')
mit Begleitheft
DM 48,– ✹
ISBN 3-12-560751-5

Loose, Stefan u.a.: **Berlin**

Das Handbuch zur Weltstadt - für Neuentdecker und Fortgeschrittene. Prall gefüllt mit praktischen Informationen aus Ost und West. Ausführlich, aktuell und unentbehrlich - für Einheimische und Zugereiste.

Ca. 450 Seiten, ca. 29.80 DM, 3. Auflage 1991, ISBN 3-923278-85-3

Liebesschwüre Englisch (134/DM 5,–)
Süßholz raspeln im Ausland ist kein Problem mehr, denn jetzt gibt es:
Liebesschwüre Englisch
Liebesschwüre Französisch
Liebesschwüre Spanisch

Englisch schimpfen (68/DM 5,–)
Nie um ein freches Wort verlegen. Auch im Ausland nicht.
Denn jetzt gibt es:
Englisch schimpfen
Französisch schimpfen
Spanisch schimpfen

Ausflüge und Unfälle

Es geht Karin und Anna wieder besser und sie sitzen mit ihren beiden Freunden zusammen. Sie überlegen, was sie morgen unternehmen wollen. Sie schauen sich den Veranstaltungskalender für den nächsten Tag an.

Sie könnten zum Beispiel eine Stadtrundfahrt machen. Aber dazu haben sie keine Lust. Schließlich haben sie schon alle Sehenswürdigkeiten gesehen und außerdem sind die organisierten Rundfahrten viel zu teuer.

Ein Pop-Konzert wäre keine schlechte Idee. Aber wenn interessante Gruppen in Berlin spielen, sind Karin und Anna schon wieder zu Hause.

Die Oper vielleicht, oder ein Theaterstück? Auf soviel Kultur hat keiner Lust. Vorträge: eine Wanderung? Eine Sportveranstaltung oder ein Besuch im Museum? Jörg und Erdinç fangen an zu überlegen, ob sie morgen überhaupt Zeit haben…

BVB Stadtrundfahrten

Sommerprogramm gültig vom 29.3.-3.11.1991

START — Kurfürstendamm 225 neben Joe am Kudamm, täglich

Zeit	Tour	Preis
8.00	Spreewald So. (5.5.-29.9.), 6 Std.	49,-
8.30	Weimar So., 12 Std.	98,-
8.30	Dresden 12 Std. Mo.: mit Schloß Pillnitz (Außenbesichtigung) Do.: mit Meißen (Porzellanmanufaktur)	98,-
9.00	Potsdam Sa. u. So., 4 Std.	49,-
10.00	Super-Berlin incl. Ägyp. Museum (Fr. ohne Museum) täglich 3,5 Std.	40,-
11.00	City-Berlin täglich, 2,5 Std.	30,-
13.00	Spreewald Mi. (1.5.-25.9.), 6 Std.	49,-
13.30	Kombi-Tour/Bus-Schiff Meilensteine der Geschichte täglich (27.4.-6.10.), 4,5 Std.	45,-
14.00	Super-Berlin incl. Pergamonmuseum, tägl. 4 Std.	42,-
14.00	Potsdam täglich, 4 Std.	49,-
14.30	City-Berlin täglich, 2,5 Std.	30,-
16.00	City-Berlin täglich, 2,5 Std.	30,-
21.00	Nachtclubtour mit Essen Sa., 4,5 Std.	108,-
22.00	Nachtclubtour Sa., 3,5 Std.	90,-

Haltepunkt Unter den Linden Ecke Friedrichstraße am Lindenkorso

9.30 / 13.30 Kostenloser Abholservice für Touren ab Kurfürstendamm 225

Preis- + Routenänderungen vorbehalten! Sonderfahrten für Gruppen auf Anfrage.

Gruppenermäßigungen · Alle Leistungen

Bus-Verkehr-Berlin KG
Kurfürstendamm 225 · 1000 Berlin 15
☎ 8 85 98 80, Fax 8 81 35 08, Tx. 186 646

concert concept — berlin's no.1

Mo. 29.4. Tempodrom, 20 Uhr
RIAS 2 präsentiert
COMMODORES

Sa. 11.5. W.-Seelenbinder-Halle, 20 Uhr
RIAS 2 präsentiert
UB 40 Live

So. 12.5. Tempodrom, 20 Uhr
do you wanna dance tour '91
JIMMY SOMERVILLE
Special Guest: BANDERAS

Mi. 15.5. Metropol, 20 Uhr
RIAS 2 präsentiert · All true man-Tour '91
ALEXANDER O'NEAL

Sa. 18.5. Hoppegarten, 20 Uhr
RIAS 2 präsentiert
HERBERT GRÖNEMEYER

So. 19.5. Waldbühne, 20 Uhr
RIAS 2 präsentiert · X für e'U-Tour
BAP

Do. 23.5. Deutschlandhalle, 20 Uhr
RIAS 2 präsentiert
Rhythm is gonna get you
GLORIA ESTEFAN
and MIAMI SOUND MACHINE
sponsored by PEPSI

Sa. 15.6. Waldbühne, 19 Uhr
RIAS 2 + RIAS TV präsentieren
RIAS 2 OLDIE NACHT
mit Unterstützung der Berliner Volksbank

So. 16.6. Waldbühne, 15.30 Uhr
HUNDERT,6 präsentiert
SUPER SOMMERFEST DER VOLKSMUSIK

DO. 27.6. Waldbühne, 19 Uhr
HUNDERT,6 präsentiert
PAUL SIMON
+ Special Guest

19.+20.5.	ZZ-TOP + BRYAN ADAMS
27.6.	VAYA CON DIOS
28.6.	THE BEACH BOYS + LITTLE RIVER BAND
3.7.	STING
1.9.	SIMPLE MINDS

sunrise News

So, 21.4., 20 h-Deutschlandhalle
RIAS 2 präsentiert
Die **PET SHOP BOYS** kommen

Mo, 22.4., 20 h-ICC, Saal 1
Fotografia di un momento
AL BANO & ROMINA POWER
concerto '91

Sa., 27.4., 19.30 h - Quartier
'Lederzwang'
RUDOLF ROCK & DIE SCHOCKER
Wir rocken Euch vom Hocker
+ Special Guest: Dexter

Fr., 10.5., 20 h - Dynamohalle
Concertbüro Zahlmann in Zusammenarbeit mit dem 'Berliner Kurier am Abend' präsentiert
DIE WILDECKER HERZBUBEN

Mi., 15.5., 19.30 H - HdK
now in Zusammenarbeit mit SFB1 präsentiert
Stilles Glück, trautes Heim
KONSTANTIN WECKER
+ WOLFGANG DAUNER
Konzert '91

So., 2.6., 20 h - Metropol
Shift Work
THE FALL

Mi., 5.6, 19.30 h - HdK
Now in Zusammenarbeit mit SFB1 präsentiert die erste Solo-Tournee
Theodorakis singt Theodorakis
MIKIS THEODORAKIS
& ensemble · Konzert 1991

Do., 27.6., 20 h - Waldbühne
HUNDERT,6 präsentiert
20 Years of
PAUL SIMON
from the Sounds of Silence to the Rhythm of the Saints
+ Special Guest

Karten: concert casse,
Hauptstr. 83, 1/41, 8 52 40 80 und alle bekannten Stellen.
Tel. Kartenservice: 8 52 20 96
Kartenversand per Post

360° KINO PANORAMA

Die BLAUE Kugel an der Gedächtnis-Kirche

In der blauen Kugel ist Kino-Zukunft schon Gegenwart. Erleben Sie völlig neue Dimensionen. Wagen Sie den Schritt mitten in die Filmhandlung. Erblicken Sie die Welt durch das Auge der Kamera, die rundum sehen kann. Wir zeigen es Ihnen - auf der 360° Leinwand.

DER BERLIN-FILM EIN MUSS FÜR JEDEN

Vorstellungen täglich von 11.00 bis 22.00 zu jeder vollen Stunde

Karten- und Infotelefon 030/2 62 80 04

PANORAMA
Budapester Straße 38
1000 Berlin 30

MUSEEN ☆

Deutsches Rundfunk-Museum,
Charlottenburg, am Fuße des Funkturms, Eingang Messedamm, ☎ 3 02 81 86 (♿ in der oberen Etage möglich). Entwicklung des Fernsehens von den mechanischen Anfängen bis 1967 und des Hörfunks von 1923-1945. Täglich, außer Di., 10-17 Uhr (am 1. u. 9.5. geschlossen, am 19. u. 20.5. geöffnet). Eintritt: DM 3,-, ermäßigt DM 1,50 U Kaiserdamm u. Theodor-Heuss-Platz, S Westkreuz; Busse: 4, 10, 65, 69, 94).

Gemäldegalerie,
(SMPK) Dahlem, Arnimallee 23-27, ☎ 83 01-1 (♿ bitte bei der Aufsicht melden: ☎ 83 01-429). 600 Gemälde vom 13.-18. Jahrhundert. Niederländer: u.a. van Eyck, van der Weyden, Memling, van Cleve und Mor. Brueghel, Rubens, van Dyck, Rembrandt und Frans Hals. Deutsche: u.a. Dürer, Cranach, Holbein d. Jüngere. Italiener: u.a. Botticelli, Raffael, Tizian. Franzosen: u.a. Pesne, Watteau. Spanier: u.a. El Greco, Goya. Di.-Fr. 9-17 Uhr (auch am 9. u. 20.5., am 1. u. 21.5. geschlossen), Sbd. u. So. 10-17 Uhr (auch am 19.5.). Eintritt frei (U Dahlem-Dorf; Busse: 1, 10, 17).

Kostenlose Führungen, jeweils 14.30 Uhr: Am 2. u. 4.5.: A. Euchner: **Berühmte Frauen in der Gemäldegalerie** - von der Königin von Saba bis Saskia van Uylenburgh. — Am 23. u. 25.5.: S. Heiser: **Rembrandt als Historienmaler;** Treffpunkt: Verkaufstisch im Eingangsbereich.

Hundemuseum,
Blankenburg, Alt Blankenburg 33, ☎ (9) 4 81 39 31 (♿ Besuch im Erdgeschoß möglich). 'Rund um den Rassehund' - Exponaten-Kabinett der Rassehunde-Züchter-Sparten Berlin, auch Sitz des Berliner Tierschutzvereins. Di., Do., Sbd. 15-18 Uhr (am 9.5. geschlossen), So. 11-17 Uhr (auch am 19.5.). (S Blankenburg; Busse: 31, 42).

Museum für Verkehr und Technik,
Kreuzberg, Trebbiner Straße 9, ☎ 25 48 40 (♿ Besuch möglich). Ausstellungen zu folgenden Themenschwerpunkten: Straßen- und Schienenverkehr, Kofferproduktion, Dampfmaschinenraum (große Eisenbahnausstellung von den Anfängen bis heute in zwei denkmalgerecht restaurierten Lokschuppen auf 6000 m² Ausstellungsfläche), Regel- und Datentechnik, Drucktechnik, Schiffahrt, Wasserbau, Versuchsfeld, Textilarbeit und Luftfahrt. Di.-Fr. 9-17.30 Uhr (am 1.5. geschlossen), Sbd. u. So. 10-18 Uhr (auch am 9., 19. u. 20.5.). Eintritt: DM 3,50, ermäßigt DM 1,50. Solarstromanlage auf dem Freigelände, geöffnet wie Museum (U Gleisdreieck u. Möckernbrücke; Bus: 29).

Sportmuseum Berlin,
Prenzlauer Berg, Cantianstraße 24 (auf dem Gelände des Friedrich-Ludwig-Jahn-Sportparks, Steinhaus), ☎ (9) 4 48 55 82 (♿ Besuch möglich). Dauerausstellung: 'Froh, Frei, Stark, Treu - der freien Fichte-Turner stolzer Wahlspruch sei', Zeitzeugnisse eines Berliner Arbeiter-Turn- und Sportvereins 1890-1933. Mi.-Fr. und So. 14-19 Uhr (auch am 1., 9., 19. u. 20.5.). Eintritt: DM 2,-, ermäßigt DM 1,- (U Dimitroffstraße; Bus: 64; Straßenbahnen: 4, 13, 22, 46, 49, 70, 71).

Alte Nationalgalerie,
Museumsinsel. Mitte, Bodestraße, ☎ (9) 2 03 55-305 (♿ bitte am Diensteingang melden). Umfangreiche Skulpturen-Sammlung des Klassizismus u.a. von Schadow, Rauch u. Tieck. Gemälde des 18. u. 19. Jh.: u.a. Goya, Cézanne, Degas, Menzel u. Liebermann. Gemälde des beginnenden 20 Jh.: Corinth, Slevogt u. Kokoschka. Mi.-So. 10-18 Uhr (am 1. u. 20.5. geschlossen, am 9. u. 19.5. geöffnet). Eintritt: DM 1,05, übliche Ermäßigungen (U u. S Friedrichstraße, 'Marx-Engels-Platz'; Straßenbahnen: 22, 46, 70, 71; Busse 57, 100).

Ab Ende Mai:
28 Gemälde u. Zeichnungen aus unbekanntem Besitz.

Neue Nationalgalerie,
(SMPK) Tiergarten, Potsdamer Straße 50, ☎ 2 66-6 (♿ Besuch möglich). Erbaut von Ludwig Mies van der Rohe. Malerei und Plastik des 19. und 20. Jh. Di.-Fr. 9-17 Uhr (auch am 9. u. 20.5., am 1. u. 21.5. geschlossen), Sbd. und So. 10-17 Uhr (auch am 19.5.). Eintritt frei (Busse: 24, 29, 48, 83).

Bis zum 20.5.:
Anselm Kiefer; Eintritt: DM 8,-, übliche Ermäßigungen.

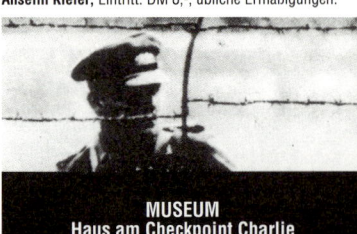

MUSEUM Haus am Checkpoint Charlie

4 Ausstellungen:
- DIE MAUER — Vom 13. August bis heute
- Maler interpretieren DIE MAUER
- BERLIN — Von der Frontstadt zur Brücke Europas
- VON GANDHI BIS WALESA — Gewaltfreier Kampf für Menschenrechte

Filmvorführungen · Multivision · Cafeteria
Täglich, auch sonntags, 9 bis 22 Uhr

1 Berlin 61 U-Bhf. Kochstr. ☎ 2 51 10 31
Friedrichstr. 44 Bus 29

☆ OPERN & THEATER-PROGRAMM

Deutsche Oper Berlin	Deutsche Staatsoper Berlin	Komische Oper	Theater des Westens	Schaubühne am Lehniner Platz	Schiller-Theater	Schiller-Theater Werkstatt
Charlottenburg, Bismarckstr. 35, ☎ 3 41 02 49, ☎ 34 38-1 (Zentrale); U Dt. Oper; Bus 1	Mitte, Unter d. Linden 7, ☎ (9) 2 00 47 62; U/S Friedrichstraße; Bus: 57, 100	Mitte, Behrenstr. 55-57, ☎ (9) 2 29 25 55; U Französische Str., Unter d. Linden; Bus: 100	Charlottenburg, Kantstr. 12, ☎ 3 19 03-193; (Mo-Sbd. 10-18, So. 15-18 Uhr) U/S Zoolog. Garten	Wilmersdorf, Kurfürstendamm 153, ☎ 89 00 23; U Adenauerplatz; Bus: 19, 29, 69	Charlottenburg, Bismarckstraße 110., ☎ 3 19 52 36; U Ernst-Reuter-Platz; Bus: 1, 54, 90	
18.00 Lohengrin	19.00 Hoffmanns Erzählungen	17.00 Aschenbrödel	20.00 Grand Hotel	20.30 Mütter und Söhne *Theatertreffen Berlin*	20.00 The Black Rider *Theatertreffen Berlin*	20.00 Die Tragödie des Macbeth

Ballhaus Rixdorf	Deutsches Theater Berlin	Deutsches Theater Kammerspiele	Berliner Ensemble	Theater am Kurfürstendamm	Hebbel-Theater	Das Ei
Spielort der Staatl. Schauspielbühnen; Neukölln, Kottbusser Damm 76, ☎ 6 93 81 31; U Kottb. D.	Mitte, Schumannstr. 13, ☎ (9) 2 87 12 26; U/S Friedrichstraße; Bus: 78	Mitte, Schumannstr. 13, ☎ (9) 2 87 12 26; U/S Friedrichstraße; Bus: 78	Mitte, Bertolt-Brecht-Pl. ☎ (9) 2 88 81 55; U/S Friedrichstraße; Bus: 57, 78	Charlottenburg, Kurfürstendamm 206, ☎ 8 82 49 41; U Uhlandstraße; Bus: 19, 29, 60	Kreuzberg, Stresemannstr. 29 ☎ 2 51 01 44; U Hallesches Tor, S Anhalter Bahnhof	Mitte. Friedrichstr 107. ☎ (9) 2 83 64 36; U/S Friedrichstraße; Bus: 57, 78
20.00 Davon geht die Welt nicht unter	17.00 Peer Gynt (Premiere)	Keine Vorstellung	19.30 Der gute Mensch von Sezuan	20.00 Das Geld liegt auf der Bank	Keine Vorstellung	Keine Vorstellung

Sport

Badminton: 9.00: Fünf-Länder-Pokal-Turnier; Wilmersdorf, Turnhalle Güntzelstraße 34-35 (U Fehrbelliner Platz; Bus: 50), Auskunft: ☎ 8 91 40 80.

Basketball: 12.00: Aufstiegsturnier zur 1. Regionalliga der Herren; Columbiasporthalle, Auskunft: ☎ 8 91 95 10.

Fußball: 11.00: P.-Rusch-Pokal. Mommsen-Stadion, Charlottenburg, Waldschulallee 34 (S Westkreuz; Bus: 69), Auskunft: ☎ 8 91 10 47.

Fußball: 14.00: Bundesliga Damen, 1. FC Neukölln - VSB Rheine; Hertzbergplatz (Sonnenallee/Ecke Thiemannstraße (U Karl-Marx-Straße; Busse: 41, 95), Auskunft: ☎ 6 84 39 31.

Fußball: 15.30: 1. Bundesliga, Hertha BSC - Borussia Dortmund; Olympia-Stadion.

Galopprennen: 14.00: Großer Stutenpreis der Dreijährigen; Galopprennbahn Hoppegarten.

Handball: 16.00: 1. Bundesliga Damen, TSV GutsMuths - 1. FC Nürnberg; Sporthalle Charlottenburg, weitere Auskünfte: ☎ 8 92 91 73.

Judo: 8.00: 1. Bundesliga Damen; Sportforum (Halle IV), Auskunft: ☎ 3 94 84 85.

Kanusport: 8.30: Berliner Meisterschaften im Kanupolo; Regattastrecke Gatow, Spandau, Alt-Gatow 5-7 (Busse: 34, 35), Auskunft: ☎ 4 33 60 21.

Kanuwandern: 10.00: 2. Gesamt-Berliner Stadtfahrt von Süd nach Nord, quer durch Berlin; Start: Sportclub Grünau an der Regattastrecke Grünau, Auskunft: ☎ 4 33 60 21.

Karate: 15.00: Berliner Meisterschaften der Junioren; Carl-Diehm-Sporthalle, Steglitz, Lessingstraße 5-8 (U Rathaus Steglitz, S Steglitz; Busse: 2, 17), Auskunft: ☎ 7 91 37 67.

Leichtathletik: 9.00: 16. Marathon und 25 km-Lauf; Start/Ziel: jeweils Stadion Hakenfelde, Spandau, Hakenfelder Str. 27 (Busse: 54, 97), Auskunft: ☎ 3 36 31 24.

Leichtathletik: 10.00: 5 km-Frauenlauf; Stadion Wilmersdorf, Fritz-Wildung-Str. 9 (Busse: 50, 65), Auskunft: ☎ 8 61 68 34.

Motorsport: 8.00: Internationales ADAC-Avus-Wagen-Rennen Berlin; Charlottenburg, Avus (U Kaiserdamm, S Westkreuz; Busse: 65, 69), Karten u. Auskunft: ☎ 86 86-284.

Pferderennen: 14.00: Sparkassenrenntag - Vollbutrennen; Galopprennbahn Hoppegarten.

Rudern: 9.00: Berliner Früh-Regatta, Regattastrecke Grünau, Auskunft: ☎ 3 81 70 61.

Schach: Regionalliga - 10.00: BSC Rehberge - Buxtehuder SG; Wedding, Afrikanische Straße 43-45 (U Rehberge; Bus: 64). 10.00: SV Wilmersdorf - SG Niederelbe; Music Hall, Wilmersdorf, Bundesplatz 2 (U Bundesallee; Busse: 2, 16). 10.00: Schachfreunde Neukölln - SV Salzgitter; Senioren-Freizeitstätte Neukölln, Kirchgasse 62 (U Karl-Marx-Straße; Bus: 4), Auskunft: ☎ 7 05 66 06.

Schwimmen: 15.00: Jugend trainiert für Olympia; Sportschwimmhalle Schöneberg, Auskunft: ☎ 7 84 20 37.

Schwimmen: 17.00: Berliner Meisterschaften: Sportforum, weitere Auskünfte: ☎ 7 84 20 37.

Sporttauchen: 19.00: Deutsche Meisterschaften im Flossenschwimmen; Sportforum (Hallenbad), Auskunft: ☎ 8 13 79 24.

Straßenlauf: 9.00: 8. Frauenlauf, 10 km und 3,4 km; Start u. Ziel: Tiergarten, Straße des 17. Juni/Höhe Entlastungstraße (Unter den Linden; Bus: 100), Auskunft: ☎ 8 82 64 05.

Tischtennis: Norddeutsche Schülermannschafts-Meisterschaften; Kreuzberg, Schöneberger Straße 23 (U Gleisdreieck; Bus: 29). Veranstaltungsbeginn bitte unter ☎ 8 92 91 76 erfragen.

Volleyball: Ganztägig: Deutsche Meisterschaften A-Jugend; Sportforum (Sporthalle), Veranstaltungsbeginn bitte unter ☎ 30 00-61 82 erfragen.

Wasserball: 16.30: Bundesliga, Wasserfreunde Spandau 04 - SSF Delphin Wuppertal; Sportschwimmhalle Schöneberg, Auskunft: ☎ 7 84 20 37.

Weitere Veranstaltungen

Führung: 13.30: 'Grenz(über)tritte - auf den Spuren der Berliner Mauer(n)' 13.30: 'Mit der Wannseebahn in die Geschichte des Berliner Südwestens' (S-Bahn-Fahrt); Treffpunkt: jeweils Ruine des Anhalter Bahnhofs, Kreuzberg, Askanischer Platz (S Anhalter Bahnhof; Busse: 24, 29), Auskunft; ☎ 8 62 12 60 ('pluspunkt').

Radwanderung: 10.00: 'Acht-Seen-Fahrt zum Schloß Petzow'; Treffpunkt: Zehlendorf, S Wannsee, rückseitiger Ausgang Nibelungenstraße, Auskunft: ☎ 8 14 15 53 ('Fontane aktiv').

Vortrag: 17.30: Dr. H. Hess: 'Was geschah wirklich beim Untergang der Titanic?'; Urania.

Unterhaltungsprogramm: 19.00: Openair-Fete mit Disco und Live Musik auf drei Bühnen - Rahmenprogramm zum 1. Landeskinder- und Jugendturnfest Berlin; Strandbad Wannsee, Zehlendorf, Wannseebadweg (S Nikolassee; Busse: 3, 53), Auskunft: ☎ 7 84 90 17 (Berliner Turnerbund).

Vortrag mit Diskussion: 20.00: E. Stölting: 'Antisemitismus heute' - zur Ausstellung 'Aus Nachbarn wurden Juden...'; Galerie im Scheunenviertel.

Konzerte

15.30 Schauspielhaus Berlin, MC: **Früh übt sich...**, die jüngsten Talente der Musikschule Berlin-Pankow stellen sich vor.

18.00 Kaiser-Wilhelm-Gedächtnis-Kirche: **Miroslawa Semeniuk-Podraza**, Orgel (Bach, Clérambault, Brahms u.a.).

19.00 Schloß Friedrichsfelde: **Frank Hill, Thomas Günther**, Gitarre (Hume, Johnson, Frescobaldi, Scarlatti).

20.00 Kammermusiksaal der Philharmonie: **Berliner Philharmonisches Orchester**, Ltg.: Christopher Hogwood, Sol.: A. Blau (Haydn: Symphonie Nr. 47 G-Dur, Martinu: La revue de cuisine, Martin: Sonata da chiesa für Flöte und Streicher, Gounod: Symphonie D-Dur).

20.00 Passionskirche: **Pascal von Wroblewsky & Axel Donner**; ☎ 2 62 51 51.

20.00 Schauspielhaus Berlin, GKS: **Rundfunkorchester Berlin**, Ltg: Wladislaw Tschernuschenko, Sol.: junge Künstler des Nikolai-Rimski-Korsakow-Konservatoriums Leningrad.

20.00 Tempodrom: **Heinz Rudolf Kunze**; ☎ 8 52 20 96.

20.30 Eierschale II: **Caoba Jazzband.**

21.00 Flöz: **Pete Bender & Rolo Rodriguez - Rock-Songs.**

21.00 Haus der Jugend, 'Die Weiße Rose': **Deutsch-Rock.**

22.00 Quasimodo: **Die Elefanten.**

Übung 1   Dialogspiele

Arbeite mit einem Partner oder einer Partnerin zusammen!

Beispiel

Du: Welche Veranstaltung möchtest du heute besuchen?

Partner(in): Heute nachmittag möchte ich das Haus am Checkpoint Charlie besuchen und heute abend möchte ich ins Theater gehen, um das Stück „Der gute Mensch von Sezuan" zu sehen.

Du: Wo läuft es?

Partner(in): Im Berliner Ensemble an der Friedrichstraße nicht weit von dem Haus am Checkpoint Charlie.

Du: Wollen wir mit der U-Bahn fahren?   usw.

7

Das Berliner Verkehrsamt gibt für jeden Monat einen Veranstaltungskalender heraus. Man kann sich auch im Verkehrsamt erkundigen, was man unternehmen kann.

GUTEN TAG! ICH MÖCHTE GERNE MORGEN ETWAS MIT MEINER TOCHTER UNTERNEHMEN. KÖNNEN SIE ETWAS EMPFEHLEN?

WIE ALT IST IHRE TOCHTER DENN?

SIE IST ACHT!

MÖCHTEN SIE DEN TAG IM FREIEN VERBRINGEN? ODER MÖCHTEN SIE EIN MUSEUM BESUCHEN?

DER WETTERBERICHT IST GUT. EINE VERANSTALTUNG IM FREIEN WÄRE SCHÖN.

WIE WÄRE ES MIT EINER FÜHRUNG DURCH DEN WALD? IST IHRE TOCHTER AN NATUR INTERESSIERT?

JA, DAS IST EINE GUTE IDEE.

ICH SCHREIBE IHNEN DIE EINZELHEITEN AUF.

Art der Veranstaltung: **Führung**

Thema: **„Was macht der Förster im Wald?"**

Beginn: **10.00**

Ende:

Ort: **Revierförsterei Tegel-Nord, Reinickendorf**

besonders geeignet für: **Kinder**

Eintritt: **frei**

Auskunft/Veranstalter: **Schutzgemeinschaft Deutscher Wald; Tel. 8231027**

Anreise: **Bus Linie 15**

Führung: 10.00: 'Was macht der Förster im Wald?' (besonders geeignet für Kinder); Treffpunkt: Revierförsterei Tegel-Nord, Reinickendorf, Ehrenpfortensteig 9 (Bus: 15), Auskunft: ☎ 8 23 10 27 (Schutzgemeinschaft Deutscher Wald).

Übung 2 — Noch eine Frage! Sieh dir Seiten 97–99 an!

UND WAS MACHEN WIR, WENN ES REGNET??

Was kannst du Bruno Bär empfehlen?
Fülle das Formular für deine Empfehlung aus!

Übung 3 Im Verkehrsamt

Arbeite mit einem Partner/einer Partnerin zusammen!
Bildet Dialoge – spielt die Rollen dieser Leute.
Füllt das Formular mit euren Empfehlungen aus.

```
Name:           Rudi Ratlos
Alter:          37
Interessen:     Kultur, Vorträge
Charakter:      schüchtern, kontaktarm
besondere
  Information:  ist nicht gern im Freien
```

```
Name:           Nora Neugier
Alter:          84
Interessen:     andere Leute treffen
Charakter:      redet immerzu
besondere
  Information:  hat viel Energie
```

```
Name:           Manfred Müde und Familie
Alter:          45
Interessen:     sucht etwas Interessantes für die Kinder
Charakter:      ungeduldig
besondere
  Information:  Kinder sind sehr aktiv!
```

```
Name:           Frieda Freundlich
Alter:          24
Interessen:     alles mögliche
Charakter:      nett, an allem Neuen interessiert
besondere
  Information:  möchte junge Männer treffen
```

```
Name:           Tristan Träumer
Alter:          31
Interessen:     Musik, Kultur
Charakter:      schläfrig
besondere
  Information:  hat wenig Geld
```

```
Name:           Wotan Wagner und Frau Kriemhilde
Alter:          53
Interessen:     Oper, Abenteuer
Charakter:      laut, geizig
besondere
  Information:  möchte mehrere Veranstaltungen besuchen
```

Übung 4 Kannst du diesen Touristen helfen?

(Sieh dir Seiten 97 bis 99 an.)

HALLO!

Wann wart Ihr das letzte Mal im Konzert oder in der Oper? Oder mögt Ihr klassische Musik nicht? Viele Jugendliche denken: „Opern sind etwas für alte Leute! Da trägt man Smoking oder Abend-Kleid und langweilt sich dann mehrere Stunden! Opern haben nichts mit unserem Leben zu tun! Da hören wir lieber Popmusik."
Wie steht Ihr dazu? Ich mag Opern. Besonders toll fand ich darum jetzt das Projekt von einigen Düsseldorfer Schülerinnen und Schülern. Die 12- bis 15-jährigen haben eine Oper komponiert. Aber nicht nur das: Schüler singen auch die Rollen, spielen die Instrumente und bauen die Bühne! Dann sind Opern wohl doch nicht nur etwas für Oldies, oder?

EURE PETRA

Ich interessiere mich vor allem für Sport

- Wie viele Sportarten gibt es speziell für Damen?
- Wie viele Wassersportarten werden angeboten?
- Welche Sportveranstaltungen sind international?
- Für welche der angebotenen Sportarten braucht man wenig Energie?

Ich interessiere mich für die Oper und das Theater

- Welches angebotene Stück ist von Shakespeare?
- Warum gehe ich heute abend nicht ins Hebbel-Theater?
- Wie viele Opern-Aufführungen gibt es heute abend?

Ich interessiere mich für Rock-Musik

- Gibt es ein Rock-Konzert mit deutschen Texten?
- Ich möchte eine berühmte internationale Gruppe hören.
- Was läuft in der Waldbühne?

Ich gehe am liebsten ins Museum

- Was kostet der Eintritt in der neuen Nationalgalerie?
- Wo kann ich Gemälde des 18. Jahrhunderts sehen?
- Gibt es ein Museum über die Geschichte der Berliner Mauer?

▶ PIRATEN IN HAMBURG
Schülertheater

Was die Theater-Profis können, machen Schüler oft genauso gut – und manchmal sogar besser: Die Stadt Hamburg suchte zur Feier des 800. Hafengeburtstags ein Theaterstück. Mit den Vorschlägen der Theater war die Jury nicht einverstanden. Dann sah jemand das Schülerstück „Störtebeker" im Gymnasium Corveystraße. Die Jury war begeistert und wählte es zum offiziellen Beitrag für den Hafengeburtstag. Das Stück spielt im Mittelalter und erzählt das Leben des Hamburger Piraten Klaus Störtebeker. Es gibt spannende Fechtszenen und viele Effekte, zum Beispiel mit Pulverdampf. 50 Schüler haben die Dialoge geschrieben, die Bühne gebaut, Kostüme genäht und sogar Musik komponiert. Dafür brauchten sie eineinhalb Jahre. Aber die Mühe hat sich gelohnt: Viele tausend Zuschauer besuchten die Aufführungen und waren von der lustigen Reise ins Mittelalter begeistert!

Was hast du	morgen	vor?
Was machst du	übermorgen	
Was machen wir	heute abend	

Hast du Lust	ins Kino	zu gehen?
Ich habe Lust	einen Ausflug	zu machen.
	Karten	zu spielen.

Wollen wir	ins Kino	gehen?
Möchtest du	einen Ausflug	machen.
Ich würde gerne	Karten	spielen.
Ich möchte		

Das würde ich gern machen\sehen.
Dazu habe ich (gar) keine Lust.

| Wie kommen wir | nach Potsdam? |
| | zum Kino? |

| Am besten | fahren wir mit dem Auto. |
| | gehen wir zu Fuß. |

| Wann sollen wir | abfahren? |
| | (los) gehen? |

| Um | neun Uhr. |
| | halb zehn. |

Das ist mir	zu früh.
	zu spät.
	recht.

Wie wäre es	etwas früher?
	etwas später?
	am Nachmittag?
	gegen acht?

Ja, das geht.
Nein, das geht nicht.

Wo treffen wir uns?

Wir treffen uns	an der Bushaltestelle.
	vor dem Kino.
	bei mir.

Ich hole dich ab.

Gut, dann sehen wir uns um … an … Tschüs!

Übung 5 Verabredungen

Arbeite mit einem Partner/einer Partnerin zusammen. Trefft Verabredungen für heute abend, morgen früh, das Wochenende. Verwendet die Sätze auf dieser Seite.

HALLO!

Letzte Woche habe ich das Theaterstück „Karin will nach Kairo" gesehen. Einfach toll. Karin hat Ärger in der Schule und mit den Eltern. Sie flieht in Träume und Phantasien. Wie ihre Flucht aussieht, entscheiden die Zuschauer. Sie können nämlich mitspielen. Das gefiel mir besonders. Mögt Ihr Theater? An vielen deutschen Schulen gibt es Theater-Gruppen. Manchmal finden auch Schülertheater-Treffen statt. Beim letzten Treffen in Soest zeigten Gymnasiasten aus Mönchengladbach ein Stück über den Selbstmord eines Schülers. Sie hatten das Stück selber geschrieben. Jugendliche machten Theater für Jugendliche. Eine prima Idee. Und die Erwachsenen, die das Stück sahen, lernten die Probleme von jungen Leuten besser kennen!

EURE PETRA

7

Am letzten Wochenende hatte Jörg einen neuen Sportclub besucht. Hier ist ein Auszug aus seinem Tagebuch.

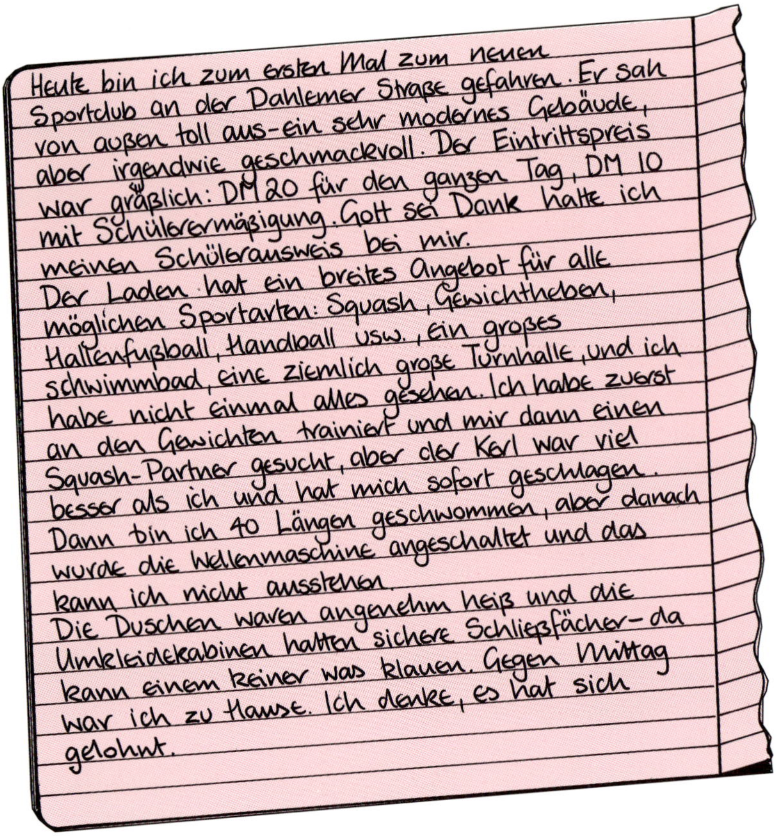

Heute bin ich zum ersten Mal zum neuen Sportclub an der Dahlemer Straße gefahren. Er sah von außen toll aus – ein sehr modernes Gebäude, aber irgendwie geschmackvoll. Der Eintrittspreis war gräßlich: DM 20 für den ganzen Tag, DM 10 mit Schülerermäßigung. Gott sei Dank hatte ich meinen Schülerausweis bei mir.
Der Laden hat ein breites Angebot für alle möglichen Sportarten: Squash, Gewichtheben, Hallenfußball, Handball usw., ein großes Schwimmbad, eine ziemlich große Turnhalle, und ich habe nicht einmal alles gesehen. Ich habe zuerst an den Gewichten trainiert und mir dann einen Squash-Partner gesucht, aber der Kerl war viel besser als ich und hat mich sofort geschlagen. Dann bin ich 40 Längen geschwommen, aber danach wurde die Wellenmaschine angeschaltet und das kann ich nicht ausstehen.
Die Duschen waren angenehm heiß und die Umkleidekabinen hatten sichere Schließfächer – da kann einem keiner was klauen. Gegen Mittag war ich zu Hause. Ich denke, es hat sich gelohnt.

Übung 6   Wie sagt man...?

1. An excerpt from his diary.
2. Tasteful.
3. Student pass.
4. All sorts of sports.
5. I can't stand that.
6. I think it was worth it.
7. For the first time.
8. From the outside.
9. Thank God.
10. The chap, bloke.
11. Secure lockers.
12. To nick, pinch.

Übung 7   Welche Ausrüstung braucht man zu welchem Hobby?

1. Ich gehe jedes Wochenende angeln.
2. Ich spiele in einer Blaskapelle. 
3. Ich bin Bundesliga-Fan. 
4. Ich spiele in einem Orchester. 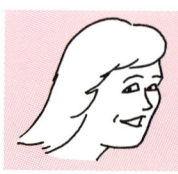
5. Ich sammle Briefmarken. 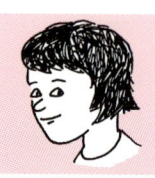
6. Ich gehe zu den Pfadfindern. 
7. Ich verbringe meine freie Zeit mit Lesen. 
8. Mein Hobby ist meine Band. 
9. Ich bin in einer Wasserball-Mannschaft. 

ein Album, eine Badehose, eine Uniform, eine Angelrute, ein Schlagzeug, eine Trompete, eine Geige, ein Roman, Eintrittsgeld.

Was hast du am letzten Wochenende gemacht?

Renate: Am Samstag habe ich meine Großeltern besucht. Meiner Oma geht es nicht gut, und deshalb gehe ich ihr samstags helfen- einkaufen, putzen, aufräumen und so.

Und am Sonntag bin ich geritten – ich gehe zu einer Reitschule ganz in der Nähe. Es kostet mich nichts, weil ich dort die Pferde pflegen helfe.

	Sa	So
Franzi	mit Mutter einkaufen (langweilig), Rollschuh laufen	angeln – zu viele Leute am Fluß, nichts gefangen, Gitarre spielen
Michaela	Zimmer putzen, Hausaufgaben, Disco – netter Junge	Kirche, langer Spaziergang
Jürgen	Fahrrad reparieren, Georg besuchen, Bibliothek	Mittagessen bei Tante Petra, Fußballspiel
Steffi	Kleidung kaufen – nichts gefunden, Gerds Geburtstagsparty	für Klassenarbeit lernen, Flöte üben, Fernsehen

Übung 8   Das letzte Wochenende

Arbeite mit einem Partner/einer Partnerin zusammen. Eine(r) fragt, der/die andere ist Franzi, Michaela, usw. Ihr könnt diese oder andere Fragen verwenden:

1. Was hast du am letzten Samstag/Sonntag gemacht?
2. Wann/wo war das?
3. Wie bist du dorthin gefahren?
4. Wie lange hast du das gemacht?
5. Hat es etwas gekostet?
6. Hat es Spaß gemacht?

Übung 9

Jetzt befrage deine(n) Partner(in) über sein/ihr Wochenende.

Übung 10

Schreibe einen Tagebucheintrag über dein Wochenende oder das deines Partners oder deiner Partnerin.

7

Jörg hatte plötzlich zwei gute Ideen: Er hat in der Zeitung gesehen, daß morgen Udo Lindenberg am Potsdamer Platz ein Konzert gibt – es ist sein Geburtstag, und er hat alle Berliner zu einem kostenlosen Konzert eingeladen. Also wollen Jörg und seine Freunde spätestens um sechs da sein, damit sie gute Plätze bekommen. Und dann hat er noch einen hervorragenden Vorschlag.

Jörg: Wie wäre es, wenn wir morgen nach Potsdam fahren? Habt ihr dazu Lust?

Anna: Potsdam? Wo ist denn das?

Erdinç: Das ist eine historische Stadt im Südwesten von Berlin. Es gibt mehrere Schlösser zu besichtigen, und die Innenstadt ist sehr interessant, die alten Häuser werden gerade restauriert.

Karin: Das würde ich gerne sehen!

Anna: Ja, dazu habe ich auch Lust.

Jörg: Gut, aber wie kommen wir nach Potsdam?

Karin: Können wir mit dem Bus fahren?

Erdinç: Vielleicht leiht dein Vater dir wieder sein Auto?

Jörg: Vielleicht! Ich gehe ihn fragen.
(Ein paar Minuten später)
Okay, wir können das Auto haben. Wann fahren wir los?

Anna: Wir müssen abends um sechs zurück sein. Wie lange dauert die Fahrt?

Jörg: Normalerweise eine halbe Stunde, aber morgen ist auf der Avus-Autobahn ein Autorennen, da müssen wir durch die Stadt fahren. Das dauert mindestens eine Stunde. Sollen wir um neun abfahren?

Erdinç: Nein, das ist mir zu früh! Es sind doch Ferien! Laß uns etwas später abfahren, bitte.

Jörg: Okay, wie wäre es mit halb zehn?

Erdinç: Gut, also sehen wir uns morgen früh um halb zehn hier. Ich bringe Lunchpakete mit, wenn ihr möchtet.

Potsdam / Sanssouci
mit Innenbesichtigung

9.30 Uhr Ganztags (bis 6.10.)
Di · Do · Sa (Kinder DM 89;) **DM 99,-**

9.30 Uhr Halbtags
Mi · Fr · So (Kinder DM 79;)
Ab 9.10.-3.11. tägl. außer Mo **DM 89,-**

Ein unvergeßlicher Ausflug in die Geschichte – ein Ausflug nach Potsdam, mit folgendem Inhalt:
Stadtrundfahrt in der reizvollen Innenstadt von Potsdam, **ausführliche Innenbesichtigung** des Schlosses Sanssouci, der Sommerresidenz Friedrich des Großen, sowie des Parks von Sanssouci und eine Führung im ehemaligen Kronprinzenpalais Cecilienhof. Das Mittagessen ist bei beiden Fahrten enthalten.
Die große Tour bietet zusätzlich eine ausführliche Besichtigung des Neuen Palais. Die Führungen durch die Schlösser und Gärten werden von kunsthistorisch geschulten Reiseleitern vorgenommen.

UDO LINDENBERG

Udo Lindenberg ist der bekannteste deutsche Rocksänger. Er war einer der ersten Musiker, der seine Texte in deutscher Sprache schrieb. Einige kritische Songs handeln von der ehemaligen Deutschen Demokratischen Republik. In dem Lied „Der Generalsekretär" singt er über Erich Honecker. Honecker war bis zum 18. Oktober 1989 Staatschef und Generalsekretär der Sozialistischen Einheitspartei in der DDR. Lindenberg schrieb den Song noch zur Regierungszeit Honeckers. In der zweiten Strophe erinnert er an sein Geschenk für den Politiker: 1987 hatte Lindenberg ihm eine Rocker-Lederjacke geschenkt. Daraufhin schickte Honecker dem Sänger eine Schalmei (Blasinstrument). Bei einem späteren Treffen verschenkte Panik-Udo noch eine Gitarre mit der Aufschrift „Gitarren statt Knarren!"*

DER GENERALSEKRETÄR

Ich geh' über sieben Berge
und über sieben Brücken
und hüpf noch kurz durchs Minenfeld
und dann bin ich auch schon da in der jungen Welt
und dann komm ich ganz rasant
mit einem Trabant*
in die Hauptstadt eingefahren
und da hat Erich dann die Lederjacke an

Und ich denk – was ist'n nun
ist ja richtig Honeymoon
von Rügen bis zum Thüringerwald
und es wird zu jedem Bierchen
ein Glas nost* reingeknallt
und sie feiern ihren Staatschef
auf den sie ja nun alle gnadenlos abfahrn*
Und das ist Erich mit der Lederjacke an

Es war einmal ein Generalsekretär
der liebte den Rock'n'Roll so sehr

Gitarren statt Knarren
und locker so wie ein Rocker
Der Staatsratsmeister sprach zum ZK*
nichts wird mehr so sein
wie es mal war
von morgens bis abends ertönt
die Schalmei
und dann stoß' ich ihn aus —
den Indianerschrei.

Knarren: Waffen; Trabant: Automarke der ehemaligen DDR; Glasnost: neue Politik in der Sowjetunion; Glasnost klingt ähnlich wie Glas Most (Most = Traubensaft); ... auf den sie ja alle gnadenlos abfahrn: von dem sie begeistert sind; ZK: Zentralkomitee der Deutschen Sozialistischen Einheitspartei

SONDERZUG NACH PANKOW

Entschuldigen Sie, ist das der Sonderzug nach Pankow?
Ich muß mal eben dahin, mal eben nach Ost-Berlin.
Ich muß da was klären, mit eurem Oberindianer.
Ich bin ein Jodeltalent und will da spielen mit 'ner Band.

Ich hab ein Fläschchen Cognac mit und das schmeckt sehr lecker,
das schlurf ich dann ganz locker mit dem Erich Honecker,
und ich sag; Ey, Honey, ich sing für wenig Money
im Republik-Palast, wenn ihr mich läßt.
All die ganzen Schlageraffen dürfen da singen,
dürfen ihren ganzen Schrott zum Vortrage bringen,
nur der kleine Udo – nur der kleine Udo,
der darf das nicht, und das versteh'n wir nicht.

Ich weiß genau, ich habe furchtbar viele Freunde
in der DDR, und stündlich werden es mehr.
Ooh, Erich, ey, bist du denn wirklich so ein sturer Schrat,
warum läßt du mich nicht singen im Arbeiter- und Bauernstaat?

Ist das der Sonderzug nach Pankow?

Ich hab ein Fläschchen Cognac mit und das schmeckt sehr lecker,
das schlurf ich dann ganz locker mit dem Erich Honecker,
und ich sag': Ey, Honey, ...

Honey, ich glaub,
du bist doch eigentlich auch ganz locker,
ich weiß, tief in dir drin
bist du doch eigentlich auch n' Rocker.
Du ziehst dir doch heimlich
auch gern mal die Lederjacke an
und schließt dich ein auf'm Klo
und hörst West-Radio.

Hallo, Erich, kannst du mich hören?
Hallolöchen – Hallo!
Hallo, Honey, kannst du mich hören?
Hallo, Halli, Halli, Hallo,
Joddelido...

WIR WOLLEN DOCH EINFACH NUR ZUSAMMEN SEIN

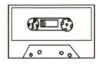

Stell' dir vor, du kommst nach Ost-Berlin
und da triffst du ein ganz heißes Mädchen,
so ein ganz heißes Mädchen aus Pankow,
und du findest sie sehr bedeutend,
und sie dich auch.

Dann ist es auch schon so weit:
Ihr spürt, daß ihr gerne zusammen seid,
und ihr träumt von einem Rock-Festival
auf dem Alexanderplatz
mit den Rolling Stones und 'ner Band aus Moskau.

Doch plötzlich ist es schon zehn nach elf,
und sie sagt: Ey, du mußt ja spätestens um zwölf
wieder drüben sein,
sonst gibt's die größten Nervereien,
denn du hast ja nur 'nen Tagesschein.

Mädchen aus Ost-Berlin,
das war wirklich schwer,
ich mußte gehen, obwohl ich so gern
noch geblieben wär',
ich komme wieder,
und vielleicht geht's auch irgendwann
'mal ohne Nervereien,
da muß doch auf die Dauer was zu machen sein.

Ich hoffe, daß die Jungs
das nun bald in Ordnung bringen,
denn wir wollen doch einfach nur zusammen sein,
vielleicht auch mal etwas länger
vielleicht auch mal etwas enger.
Wir wollen doch einfach nur zusammen sein.

7

Anna, Karin, Jörg und Erdinç sind sich sicher, daß sie besser mit dem Bus gefahren wären: Sie haben auf der Kurfürstenstraße fast eine halbe Stunde im Stau gesteckt, weil ein Bus mit einem Benzintankwagen zusammengestoßen war und die Polizei den Verkehr über Nebenstraßen umgeleitet hatte.

Jörg: Scheiße! So ein Mist! Dieses verfluchte Auto!
Anna: Was ist denn los?
Jörg: Die Bremse ist kaputt!
(*Er zieht die Handbremse an und schaltet die Warnblinkanlage ein.*)
Alles aussteigen! Wer sein Auto liebt, der schiebt!
(*Sie schieben den Wagen an den Straßenrand.*)
Erdinç: Da ist eine Pfütze unter dem Auto. Hmh – Benzin ist es nicht. Mach mal die Motorhaube auf!
(*Alle vier schauen unter die Haube.*)
Karin: Schaut, hier ist ein Loch in der Leitung! Wenn wir einen Berg herunter gefahren wären, hätte das böse ausgehen können.
Erdinç: Was machen wir jetzt?
Jörg: Jetzt rufen wir den ADAC an, und dann warten wir ein paar Tage. Und wenn wir verhungert, verdurstet und erfroren sind, dann kommen zwei Männchen vom ADAC und schleppen uns ab. Wo ist eine Telefonzelle? Hat einer von euch Kleingeld?
(*Ein paar Minuten später*)
Wir haben Glück. Ein ADAC-Wagen ist ganz in der Nähe. Sie haben versprochen, daß sie innerhalb einer halben Stunde hier sind.

Leider kommt die Polizei zuerst.
Polizistin: Was ist denn hier los? Haben Sie einen Unfall?
Jörg: Nein, nur eine Panne. Wir haben Bremsflüssigkeit verloren.
Polizistin: Sind Sie der Fahrer? Darf ich mal Ihren Führerschein sehen?
Jörg: Hier, bitte.
Polizistin: Gehört das Fahrzeug Ihnen?
Jörg: Nein, meinem Vater.
Polizistin: Aha. Haben Sie schon eine Werkstatt angerufen?
Jörg: Nein, ich habe den ADAC informiert.
Ah, da sind sie schon.
(*Der ADAC-Wagen hält an.*)
Polizistin: Na, dann werde ich ja wohl nicht gebraucht. Viel Glück, junger Mann. Auf Wiedersehen.
ADAC-Mann: Also, mein Junge, Sie haben überhaupt keine Bremsflüssigkeit mehr. Ich muß Ihren Wagen abschleppen. Das müssen Sie von einer Werkstatt reparieren lassen.

Übung 11   Wie sagt man…?

1. In a tailback.
2. Had collided with a petrol tanker.
3. Side streets, minor roads.
4. The handbrake.
5. He switches on the hazard warning lights.
6. They have promised.

Eine Panne

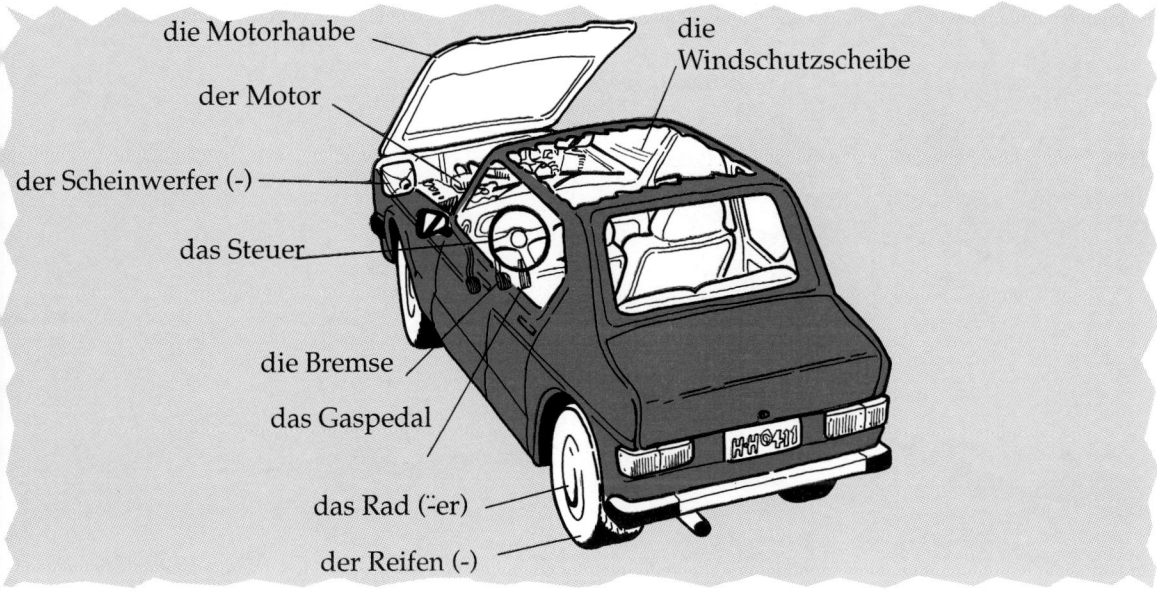

die Motorhaube
die Windschutzscheibe
der Motor
der Scheinwerfer (-)
das Steuer
die Bremse
das Gaspedal
das Rad (¨-er)
der Reifen (-)

Übung 12   Ich habe eine Panne

Du rufst eine Reparaturwerkstatt an. Was würdest du sagen?

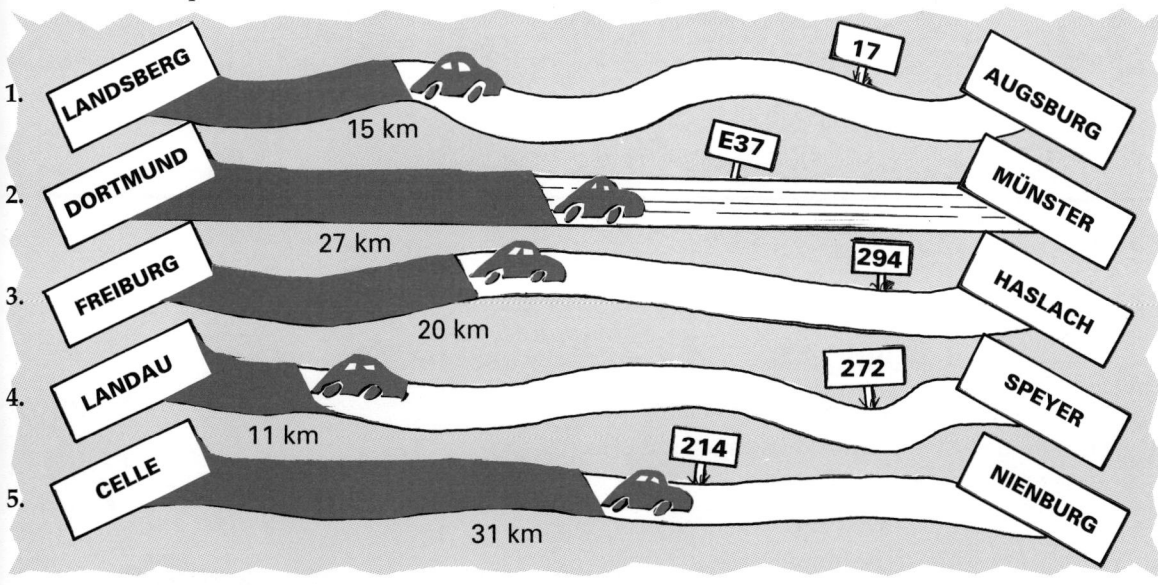

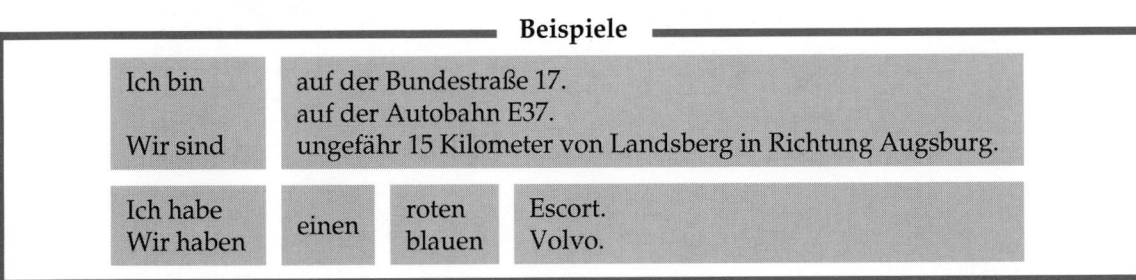

1. LANDSBERG — 15 km — 17 — AUGSBURG
2. DORTMUND — 27 km — E37 — MÜNSTER
3. FREIBURG — 20 km — 294 — HASLACH
4. LANDAU — 11 km — 272 — SPEYER
5. CELLE — 31 km — 214 — NIENBURG

Beispiele

Ich bin	auf der Bundestraße 17.
Wir sind	auf der Autobahn E37.
	ungefähr 15 Kilometer von Landsberg in Richtung Augsburg.

| Ich habe | einen | roten | Escort. |
| Wir haben | | blauen | Volvo. |

7

109
hundertneun

Unfälle

Übung 13   Was gehört zusammen?

A   Das Auto schleuderte gegen einen Baum.
B   Der Ford stieß mit dem Volkswagen zusammen.
C   Das Motorrad überholte rechts.
D   Er stürzte von seinem Fahrrad.
E   Das Auto schleuderte auf der nassen Straße.
F   Der Fahrer hielt nicht an der Ampel.
G   Sie gab Gas.
H   Er war schwerverletzt und wurde ins Krankenhaus gebracht.
J   Das Auto überfuhr den Mann.
K   Das Auto fuhr den Mann um.
L   Sie bremste.
M   Sie fuhr zu schnell. Die Geschwindigkeitsbeschränkung war fünfzig Stundenkilometer.

An jedem dritten Tag

FRANKFURT/M: In den alten Bundesländern ertrinkt an jedem dritten Tag ein Kind unter 15 Jahren. Ertrinken ist nach dem Verkehrsunfall die häufigste Unfall-Ursache bei Kindern. Das berichtet die Aktion Sorgenkind.

Bremsen versagten

PALM SPRINGS: Bei einem Busunglück in Kalifornien kamen sieben Pfadfinderinnen ums Leben, 53 wurden verletzt. Auf einer kurvenreichen, abschüssigen Strecke hatten die Bremsen versagt.

Mir war eine Wespe in den Mund geflogen

Düsseldorf – Mir ist gerade eine Wespe in den Mund geflogen. Die mußte ich ausspucken. Da konnte ich die rote Ampel doch nicht mehr sehen. Das sagte ein Autofahrer, der bei Rot über eine Ampel gefahren war.

Polizeibericht

■ **ÜBERFALL** Ein mit Sonnenbrille maskierter Räuber überfiel morgens eine Altmetallhandlung in der Bürgerstraße (Britz). Er bedrohte einen 56jährigen Angestellten mit einer Waffe, raubte die Einnahmen. Dann schloß er sein Opfer im Büro ein und flüchtete.

■ **UNFALL** Rund 20 Tonnen Badezimmerfliesen landeten vormittags auf der Stadtautobahn an der Hohenzollerndammbrücke, verursachten zwei Stunden lang einen Riesenstau. Ein Potsdamer Autofahrer hatte einen Lastzug rechts überholt und dann geschnitten. Der 32jährige Lkw-Fahrer trat bei Tempo 80 voll in die Bremse. Der Hänger kippte um.

■ **FEUER** Eine 35jährige Berlinerin ließ nachts in der Wismarer Straße (Lichterfelde) eine brennende Zigarette im Wohnzimmer liegen. Als alles brannte, wurde sie wach und flüchtete. Ihre beiden Hunde starben im Qualm.

■ **EINBRUCH** Einbrecher drangen nachts in eine Sparkassen-Filiale in der Wilhelminenhofstraße (Oberschöneweide) ein. Vom Hausflur aus stemmten sie das Mauerwerk auf, durchwühlten alles. Beim Öffnen des Tresors lösten sie die Alarmanlage aus und flüchteten.

■ **ARBEITSUNFALL** Ein 26jähriger Arbeiter wurde nachmittags auf einer Baustelle am Saatwinkler Damm (Charlottenburg) von einer Wandverschalung getötet, die sich von den Verankerungsbolzen gelöst hatte.

■ **ERTRUNKEN** Die dreijährige Eileen Sch. aus Berlin ist im Kiessee in Schildow (Kreis Oranienburg) ertrunken. Taucher bargen das Kind.

Übung 14   Beantworte die Fragen!

1. Was trug der maskierte Räuber?
2. Wen bedrohte er?
3. Was machte er endlich mit seinem Opfer?
4. Was landete auf der Stadtautobahn?
5. Wie lange dauerte der Stau?
6. Was hatte der Potsdamer Autofahrer gemacht?
7. Wann kippte der Hänger um?
8. Was machte die 35-jährige Berlinerin?
9. Wann wurde sie wach?
10. Was machte sie dann?
11. Warum flüchteten die Einbrecher?
12. Wo wurde der Arbeiter getötet?
13. Warum war der Autofahrer aus Düsseldorf bei Rot über eine Ampel gefahren?
14. Wie oft ertrinkt ein Kind unter 15 Jahren in den alten Bundesländern?
15. Wo kamen 7 Pfadfinderinnen ums Leben?

Übung 15   Wie sagt man…?

1. Attack, mugging, raid.
2. A masked robber.
3. With a weapon.
4. He threatened.
5. His victim.
6. An enormous tailback.
7. Had overtaken on the right.
8. At a speed of 80.
9. The trailer overturned.
10. Her two dogs died.
11. Burglars.
12. They set off the alarm.
13. A worker was killed.
14. She drowned.
15. A wasp.
16. To spit out.
17. … who went through a red traffic light.
18. The most frequent cause of accidents.
19. Brakes failed.
20. 7 girl guides were killed.

Übung 16 Was paßt zusammen?

1. Als ich das Auto reparierte,
2. Als ich die Windschutzscheibe zerbrach,
3. Als ich von der Leiter fiel,
4. Als ich aus dem Bus fiel,
5. Als ich rechts überholte,

A hatte ich einen Unfall.
B brach ich mir den Arm.
C verletzte ich mir den Finger.
D verletzte ich mir das Gesicht.
E brach ich mir das Bein.

Übung 17

Erfinde einen Dialog, in dem du einer Polizistin erklärst, daß dein Auto weg ist. Erkläre wo und wie es gestohlen wurde:

1. Wo war es geparkt? Wann?
2. Was für ein Auto ist es? Marke? Modell? Farbe?
3. Welches Kennzeichen hat es?

Übung 18

Erfinde einen Dialog, in dem du einer Polizistin erklärst, daß dein Portemonnaie/deine Brieftasche weg ist. Erkläre wo und wie es/sie gestohlen wurde, wie es/sie aussieht usw.

Übung 19

Stelle dir vor, du hast diesen Verkehrsunfall gesehen! Erfinde das Gespräch zwischen dir und einem Polizisten!

Übung 20

Hast du oder hat ein Mitglied deiner Familie schon einen Unfall gehabt? Zeichne eine Skizze und beschreibe den Unfall!

Übung 21 Was gehört zusammen?

1. Geschwindigkeits
2. an
3. Autobahn
4. gebühren
5. Park
6. Park
7. Sicherheits
8. Tief
9. Schritt
10. Schüler
11. Zusammen
12. schwarz
13. Zu
14. Auto
15. Einbahn
16. ein
17. Fuß
18. Reifen

A pflichtig
B fahren
C fahren
D wäsche
E druck
F ordnen
G fahrt
H straße
J gänger
K garage
L schein
M gurt
N stoß
P dreieck
Q lotse
R uhr
S schnallen
T beschränkung

Ich	schleuderte gegen einen Baum.
Er	überholte rechts.
Sie	stürzte vom Fahrrad.
Es	bremste.

Ich	stieß mit einem Bus zusammen.
Er	hielt nicht an der Ampel.
Sie	fuhr zu schnell.
Es	fuhr einen Mann um.
	überfuhr einen Mann.

hundertzwölf

Der Wagen ist in der Werkstatt, es ist ein Uhr mittags, und alle vier Freunde sind sehr sauer. Aus dem Ausflug nach Potsdam wird heute nichts mehr. Sie fahren mit der S-Bahn in die Innenstadt zurück.

Erdinç: Sag mal, Anna, was hast du da an deiner Jacke?
Anna: Oh, das sieht wie Motorenöl aus. Wir haben wirklich nichts als Pech heute.
Jörg: Kein Problem! Im Europacenter gibt es eine Schnellreinigung, da geben wir deine Jacke ab, und während sie gereinigt wird, essen wir irgendwo ein Würstchen.
Anna: In Ordnung. Wenn es nicht unbedingt ein Würstchen sein muß.

In der Schnellreinigung

Anna: Ich habe Motorenöl auf dieser Jacke. Können Sie die reinigen?
Angestellte: Lassen Sie mal sehen. Das Öl ist ja noch nicht eingetrocknet. Ja, das müßte gehen.
Anna: Sie haben einen Schnellreinigungsdienst, ja?
Angestellte: Ja, Sie können das Kleidungsstück innerhalb von einer Stunde zurück haben. Aber das kostet mehr. Die normale Reinigung für die Jacke kostet DM 16,50, und der Zuschlag für den Schnelldienst ist DM 3,50, also zahlen Sie genau DM 20.
Anna: In Ordnung. Vielleicht bekomme ich es ja von meiner Versicherung zurück. Können Sie mir eine Quittung ausstellen?
Angestellte: Ja, die bekommen Sie, wenn Sie die Jacke abholen.

Übung 22   Welche Sätze gehören zusammen?

1. Mein Auto ist kaputt.
2. Ich habe einen Unfall gehabt.
3. Man hat mir meine Brieftasche geklaut.
4. Ich habe einen Fettfleck auf der Hose.
5. Mein Schuh hat ein Loch in der Sohle.
6. Ich habe meinen Mantel verloren.
7. Ich habe eine Panne.
8. Ich muß dringend telefonieren.
9. Mutter, ich habe ein Loch im Pullover.

A Benachrichtigen Sie bitte die Polizei.
B Kannst du es stopfen?
C Können Sie sie reinigen?
D Hast du Kleingeld, bitte?
E Ruf am besten den ADAC an.
F Können Sie den Dieb beschreiben?
G Können Sie es reparieren?
H Können Sie ihn reparieren?
J Können Sie ihn beschreiben?

7 Wo haben Sie letztes Jahr Urlaub gemacht, Herr Bär?

1. Letztes Jahr haben wir unseren Urlaub in Transsylvanien verbracht. Das Hotel war ein einsames, altes Schloß in den Bergen.

2. Der Hotelbesitzer hieß Graf D. Er hatte zwei sehr seltsame Zähne und sah manchmal unfreundlich aus, aber eigentlich war er sehr nett.

3. Graf D. hatte ein ungewöhnliches Haustier, eine Fledermaus namens Fridolin.

4. Der Rest von Fridolins Familie wohnte in den Gästezimmern.

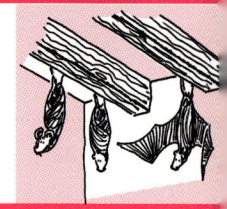

5. Die Betten hatten ein komisches Format, aber sie waren sehr bequem.

6. Die anderen Gäste waren sehr nett. Ursula hat viel mit den anderen Kindern gespielt.

7. Wir sind viel gewandert. Es gab schöne Wälder in der Nähe.

8. Wir haben einen Ausflug in eine Höhle gemacht. Graf D. kannte sie gut und hat uns geführt.

9. Wir haben uns gut erholt. Allerdings war um Mitternacht manchmal Lärm im Schloß.

10. Die anderen Gäste haben sich über seltsame Wunden am Hals beklagt, aber Sie wissen ja – Bären haben ein dickes Fell!

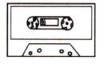

Freunde schicken oft langweilige Urlaubspostkarten.

> Lieber Holger!
> Viele Grüße aus Salzburg. Wir fühlen uns hier sehr wohl, weil das Wetter phantastisch ist. Das Hotel ist hervorragend – wir haben einen Fernseher und ein Videogerät im Zimmer. Das Essen ist sehr lecker und die anderen Hotel-Gäste sind nett.
> Viele Grüße
> Deine Sabine

Übung 23
Schreibe Urlaubspostkarten!

Sieh dir die Sätze auf der nächsten Seite an. Vielleicht hast du eine gute Idee für deine eigene Version?

Liebe(r)	Familie Adams! Schuldirektor! Donald Duck! Nachbarn aus der Ramsay-Straße! ......
Viele Grüße	aus Bad Gräßlich. von der Dreck-Küste. von den vergessenen Inseln. von Schloß Dracula. von der Titanic. ......
Wir	fühlen uns furchtbar, sind schrecklich müde, haben eine Mordswut, haben einen Kater, ...
weil	das Wetter schrecklich ist. es ununterbrochen regnet. wir noch keine Sonne gesehen haben. der Schnee am Strand schön weiß ist. ......
Das Hotel ist	feucht und zugig. noch nicht ganz fertig gebaut. im Planungsstadium, und der Architekt hat Urlaub. ......
Wir haben	eine Schlange in der Badewanne. eine tote Ratte unter dem Kopfkissen. einen Zementmixer auf dem Balkon. eine Tarantel im Zahnputzglas. ......
Das Essen ist	kalt und von gestern. mit Arsen gewürzt. Hundefutter. garantiert Nährstoff-frei. ......
Die anderen Gäste sind	schön laut. unsichtbar, wie alle Geister. kleine grüne Männchen vom Mars. ......
Viele Grüße, Dein(e)	Mickey Mouse Pu-der-Bär Glöckner von Notre Dame Elvis ......

Übung 24 — Arbeite mit einem Partner/einer Partnerin zusammen!

Stellt Fragen (a) über diesen Urlaub.
(b) über euren letzten Urlaub.

Ihr könnt diese oder andere Fragen verwenden:

1. Wo hast du im letzten Jahr Urlaub gemacht?
2. Wo hast du übernachtet? Beschreibe das Hotel/den Campingplatz.
3. Mit wem bist du in Urlaub gefahren?
4. Wie lange seid ihr da gewesen?
5. Wie war das Wetter?
6. Was habt ihr unternommen?
7. Hat der Urlaub Spaß gemacht?

Welche Bundesländer am reisefreudigsten sind

Urlaubszeit, in die Ferne – Berliner verreisen am meisten

Berliner zieht's in die Ferne

Die Hauptstadt ist „in". Alle Welt zieht's nach Berlin. Nur die Berliner nicht. Die zieht's in die Ferne! Kein Wunder nach 45 Jahren Insellage. So kommt es, daß die Berliner im vergangenen Jahr das reiselustigste Völkchen Deutschlands waren: 82 Prozent aller Berliner über 14 Jahren verreisten 1990 für mindestens fünf Tage. Dicht auf folgten die Hamburger: 80 Prozent. Auch Thüringer, Sachsen und Brandenburger genossen die neugewonnene Reisefreiheit überdurchschnittlich. Ganz anders die Mecklenburger: Wie Schleswig-Holsteiner, Bayern und Saarländer frönten sie eher der Devise: Bleibe im Lande und genieße die heimatlich-schöne Umgebung.

1.	Berlin	82%
2.	Hamburg	80%
3.	Thüringen	78%
4.	Sachsen-Anhalt	76%
5.	Nordrhein-Westfalen	73%
6.	Sachsen	73%
7.	Hessen	72%
8.	Brandenburg	71%
9.	Rheinland-Pfalz	68%
10.	Baden-Württemberg	66%
11.	Bremen	66%
12.	Niedersachsen	65%
13.	Schleswig-Holstein	64%
14.	Mecklenburg-Vorpommern	63%
15.	Bayern	61%
16.	Saarland	58%

7

Istanbul
die einzige Stadt in der Welt, die auf zwei Kontinenten liegt.

Einwohner:
etwa 5 Millionen in Istanbul und Umgebung

Sehenswürdigkeiten:
Hagia-Sophia-Moschee
Blaue Moschee
Topkapi-Palast mit Schatzkammer und Harem
Großer Basar – über 600 Jahre alt Brücke über den Bosporus

Ausflüge:
zum asiatischen Stadtteil Üsküdar (mit dem Dampfer)
Dampferfahrt durch den Bosporus zum Schwarzen Meer

Anna: Sag mal, Erdinç, woher kommst du eigentlich?

Erdinç: Also, ich bin in Berlin geboren, ich bin also Berliner, aber meine Familie kommt aus Istanbul.

Anna: Bist du schon mal in Istanbul gewesen?

Erdinç: Ja, mehrmals. Meine Großeltern wohnen da, und weil ich der älteste Enkel bin, wollen sie mich oft sehen. Sie sind sehr traditionsbewußt.

Karin: Wie fährst du nach Istanbul?

Erdinç: Im Sommer gibt es eine direkte Zugverbindung von Berlin in die Türkei, aber ich bin auch schon geflogen.

Jörg: Es ist eine sehr schöne Stadt, nicht wahr?

Erdinç: Ja, ganz phantastisch. Istanbul gefällt mir wirklich gut. Aber die Stadt hat auch jede Menge Probleme: Es gibt viel zu viele Autos und zu wenig öffentliche Verkehrsmittel, die Straßen sind also 24 Stunden am Tag chaotisch. Deshalb ist auch die Luft sehr ungesund. Und dann gibt es Probleme mit traditionellen und modernen Einstellungen. Viele junge Frauen sind emanzipiert, haben Berufe und tragen moderne westliche Kleidung. Aber ihre Eltern und Großeltern finden das skandalös! Es gibt ein ziemlich gutes Angebot für Jugendliche in Istanbul: Diskos und Clubs und Kinos und so weiter. Aber mein Opa ist jedesmal ärgerlich, wenn meine Schwester in die Disko geht.

Erdinç: Und wohnst du gerne in Nottingham, Anna? Das ist doch die Stadt von Robin Hood, oder?

Anna: Ja, von Robin Hood hat wirklich jeder gehört! Ich wohne gerne da – es gibt viel für junge Leute.
Nottingham hat eine Universität und deshalb ein gutes Angebot für Studenten und Jugendliche allgemein.
Es gibt viele schöne Kneipen – ein paar für Touristen und viele für Einheimische.
Es gibt Industrie und deshalb genug Arbeitsplätze – obwohl England zur Zeit viel Arbeitslosigkeit hat.
Das einzige große Problem ist der Straßenverkehr, weil es in der Innenstadt nicht genug Straßen für die vielen Autos gibt. Aber die Innenstadt ist trotzdem wunderschön, und das Einkaufszentrum ist hervorragend.

Nottingham

Einwohner:
500,000

Sehenswürdigkeiten:
Burg - heute Museum und Kunstgalerie
interessanter Stadtkern
berühmte Gaststätten: Salutation Inn und Trip to Jerusalem
modernes Theater

Sport:
Cricket-Club
Pferderennbahn
Rudersport-Anlage

Ausflüge:
Castle, Sherwood Forest

Wirtschaft:
Strumpfwaren-, Tabak- und Fahrradfabriken

Karin: Seid Ihr zwei schon einmal in Köln gewesen?

Erdinç: Nein, ich noch nicht. Du, Jörg?

Jörg: Nein, ich auch nicht. Aber ich würde mir die Stadt gerne einmal ansehen.

Karin: Ihr seid beide herzlich eingeladen!
Mir gefällt es gut in Köln. Die Stadt hat viel Charakter. Ich fühle mich da wohl, weil es viel für junge Leute gibt – die Universität und die anderen Hochschulen locken viele Studenten in die Stadt, und deshalb gibt es ein gutes alternatives Kulturangebot.
Wir haben auch Probleme mit dem Straßenverkehr, obwohl es ein gutes öffentliches Verkehrsnetz gibt: U-Bahn, Straßenbahn und Busse. Ich fahre allerdings fast überall mit dem Fahrrad hin – das ist billiger.
Mir gefällt es auch, daß man in Köln toll und ziemlich billig einkaufen kann; und es gibt eine Menge guter Restaurants und Kneipen.

köln

Einwohner:
etwa 1 Million

Sehenswürdigkeiten:
Dom
Römisch-Germanisches Museum, historische Altstadt

Ausflüge:
Dampferfahrten auf dem Rhein
Tagesausflüge in die Eifel-Berge

Sport:
1. FC Köln – einer der berühmtesten Fußballclubs Deutschlands
Pferderennbahn

Wirtschaft:
Autofabrik (Ford)
Schokoladenfabrik
Bierherstellung
Handel

Übung 25   Wie sagt man…?

1. There are lots of problems.
2. There are many nice pubs.
3. There is enough employment.
4. There are not enough streets for the traffic.
5. The shopping centre is excellent.
6. Rowing facilities.
7. There is a good network of public transport.

Übung 26   Beantworte diese Fragen!

1. Welche Stadt ist die größte?
2. Welche Stadt findest du für Touristen am interessantesten? Warum?
3. In welcher Stadt kann man gut einkaufen? Warum?
4. Welche Stadt hat ein Verkehrsproblem? Warum?
5. Welche Stadt hat ein gutes Angebot für Jugendliche? Warum?
6. Welchen Ausflug würdest du am liebsten machen?
7. Welche Sehenswürdigkeiten würdest du am liebsten besuchen?

Übung 27   Beschreibe deine eigene Stadt!

Schreibe eine kurze Beschreibung deiner Heimatstadt im gleichen Format wie hier.

7

"Heil Hitler!" sagte der englische Junge zu seinem deutschen Freund und lachte. Thomas (15) – mit seiner Klasse zu Besuch in Bridgewater – war schockiert: Der Nazi-Gruß als englischer Witz im Jahr 1986?

Auch 40 Jahre nach Krieg und Nazi-Zeit haben manche Engländer noch ein schlimmes Bild von den Deutschen. Das lernten Thomas und die anderen Schüler aus Felsberg in Hessen beim Besuch ihrer Partner-Klasse in England. Bei einem Gang durch die Stadt fanden die jungen Deutschen Comic-Hefte mit Titeln wie „WARLORD" oder „TORNADO" – wilde Kriegsgeschichten mit englischen Helden und deutschen Nazi-Teufeln. Die Deutschen in diesen Comics heissen Fritz oder Heinz und sind groß, dumm und brutal. Die jungen Deutschen fragten sich: Sind wir die Kinder von Horror-Figuren?

Natürlich denken nicht alle Engländer so, auch nicht die Jugendlichen. Aber die Felsberger Schüler stellten doch fest, daß viele ihrer Freunde uralte Klischee-Vorstellungen von Deutschland hatten. Zurück in der Heimat sammelten sie in der Schule ihre Erfahrungen:

ER-EL (15)

Ich fühle mich nicht als Deutscher. Ich bin ein Jude, der in Israel geboren wurde. Als ich dreieinhalb Jahre alt war, kamen meine Mutter und ich nach Deutschland. Ich fühle mich aber immer mehr als Israeli. Es tut mir leid, wenn ich sage, daß ich mich hier nicht immer gut fühle.
Ich hatte ein paar schlechte Erfahrungen mit Jugendlichen, die nichts aus der Vergangenheit gelernt haben.
Es gibt immer noch Dummköpfe, die glauben, daß Konzentrationslager niemals existierten. Ich bleibe dennoch hier. Nicht um anzuklagen, sondern um an das zu erinnern, was vor 50 Jahren geschah.

EVA (16)

Ich möchte nicht mit Deutschen aus der Vergangenheit verglichen werden. Ich bin eine Deutsche – aber das heißt ja nicht, daß ich mit allem einverstanden bin, was in der Vergangenheit war. Im Gegenteil.
Ich glaube, daß die Deutschen ihre eigene Geschichte viel kritischer sehen als manche Ausländer.
Ich sehe die Deutschen sehr wohl kritisch und möchte auch so betrachtet werden. Manchmal finde ich uns Deutsche zum Beispiel zu ernst und angepaßt. In anderen Ländern können die Menschen so locker und lustig sein. Die Deutschen sehe ich eher als brave Beamte in Anzug und Schlips. Sie wollen immer alles hundertprozentig richtig machen. Da fehlt mir ein bißchen die Natürlichkeit. Aber vielleicht sind das auch nur Vorurteile...
Ich möchte, daß man die jungen Deutschen so sieht, wie sie heute sind: ganz normale junge Leute, die versuchen, aus ihrem Leben etwas zu machen – und die keine Schuld haben an der Vergangenheit ihres Landes. **Sie sind aber auch bereit, aus den Fehlern der Vergangenheit zu lernen,** um diese in der Zukunft zu vermeiden.

SONJA (16)

Jeder weiß, welche Ereignisse die Geschichte Deutschlands geprägt haben. Daher möchte ich gerne das Bild Deutschlands durch mein Auftreten bei anderen verbessern – oder wenigstens nicht verschlechtern. **Ich weiß, daß wir etwas gutzumachen haben,** obwohl es für den einen oder anderen ungerecht erscheint, weil er mit der Geschichte vor 50 Jahren nichts zu tun hat. Wir – die Jugend Deutschlands –, wir können versuchen, unsere Zukunft so zu gestalten, daß wir eines Tages wieder voll akzeptiert werden.

Sie stellten eine Liste der häufigsten Deutschland-Klischees auf…

FLEISS … EHRGEIZ … ZUVERLÄSSIGKEIT … GEHORSAM …
GEMÜTLICHKEIT … BIER … TRADITION … GESCHICHTE …
MÜNCHEN … BAYERN … ALPEN … SCHNEE …

… und sammelten dann ihre eigenen Schlagwörter zum Thema Bundesrepublik Deutschland:

LEBENSQUALITÄT … SOZIALE SICHERHEIT … DEMOKRATIE …
FREUNDSCHAFT ZU ANDEREN LÄNDERN … BORIS BECKER …
AUSLÄNDERFEINDLICHKEIT … UMWELTVERSCHMUTZUNG …

HEIMAT

MEIKE (16)
Eigentlich fühle ich mich nicht als „die Deutsche". Es gefällt mir sehr gut hier, weil einem der Wohlstand eine gewisse Sicherheit gibt. **Aber ich könnte genausogut Italienerin oder Französin sein.** Trotzdem freue ich mich, wenn Deutschland im Sport gewinnt. Wir sind hier geboren. Deshalb ist da doch irgendwie ein Heimat-Gefühl, auch wenn wir es selbst manchmal nicht wahrhaben wollen.

Felsberg ist eine Kleinstadt in Nordhessen, etwa 25 km von Kassel entfernt. Der Stadtkern ist 700 Jahre alt, hat 6000 Einwohner – und drei Burgen! Die auf dem Bild heißt „Felsburg".

Vor dem Besuch der englischen Partnerklasse in Felsberg versuchten die deutschen Jugendlichen dann, ihr eigenes Heimat-Bild etwas genauer in Worte zu fassen. Jeder Schüler äußerte sich in einem kurzen Aufsatz persönlich zu der Frage: Wie möchtest du als Deutscher gesehen werden?

KERSTIN (16)
Ich fühle mich nur durch die Sprache mit Deutschland verbunden und durch die Familie und meine Freunde. Es ist nicht wichtig für mich, ob ich zum Beispiel in Ägypten oder in Deutschland lebe. **Ich brauche kein „Heimatland", um mich wohl zu fühlen.** Darum möchte ich auch nicht, daß Leute im Ausland Vorurteile gegen mich haben wegen der deutschen Vergangenheit.
Oft finde ich die Deutschen etwas kühl, uninteressiert, hektisch – immer mit dem Blick aufs Geld. Daher möchte ich manchmal in einem anderen Land leben. Aber ich finde, daß wir zufrieden sein können, weil jedes Land wohl gute und schlechte Seiten hat.

THOMAS (15)
Ich sehe mein Vaterland positiv. Aber das Sprichwort „Verzeihen kann man, vergessen aber nicht" betrifft auch Deutschland.
Das heutige Deutschland sehe ich als einen sozialen und menschenfreundlichen Staat. Er bemüht sich um menschliche Beziehungen zu anderen Ländern. Das muß man doch auch mal sehen! Aber ich interessiere mich auch für die negativen Seiten – zum Beispiel die Umweltverschmutzung. Allgemein finde ich: Wer in Deutschland lebt, lebt in Einigkeit, Recht und Freiheit. Deutschland ist ein Vorbild für andere Staaten, weil es durch sein Gerechtigkeitsprinzip auch überzeugt.

JOCHEN (16)
Ich bin stolz, ein Deutscher zu sein. Ich habe die Möglichkeit, in einer hochentwickelten Gesellschaft zu leben. Als Deutscher muß ich dafür arbeiten, daß diese Gesellschaft sich weiterentwickelt. Ich möchte, daß auch unsere Nachbarn stolz auf ihr Vaterland sind.
Als Deutscher darf man seine Vergangenheit nicht vergessen, man muß mit ihr leben. Aber man darf natürlich auch nicht mehr für diese Vergangenheit verantwortlich gemacht werden. Denn:
Deutschland ist heute eine ganz normale Industrienation und nicht das Nazi-Zentrum der Welt.

EVA-MARIA (15)
Ich bin in Deutschland geboren und fühle mich – trotz allem, was über dieses Land gesagt wird – mit ihm verbunden.
Deutschland ist meine Heimat.
Ich sehe durchaus auch die Nachteile, die dieses Land hat, und die Probleme, wie zum Beispiel Arbeitslosigkeit, Umweltverschmutzung und Terrorismus. Aber dazu eine Frage: Haben andere Länder diese Probleme nicht auch?
Wir sind doch sozial versorgt und abgesichert. Und wir haben unsere Rechte und sind fortschrittlich. Ich lebe im heutigen Deutschland, und ich identifiziere mich auch damit – nicht mit der Vergangenheit.
Ich habe schon oft andere Länder und Städte besucht. In Budapest oder Wien zum Beispiel könnte ich bestimmt eine Zeitlang leben. Aber dann würde es mich wohl immer wieder nach Deutschland zurückziehen, denn **es ist jedesmal ein schönes Gefühl, wieder in dieses Land zurückzukehren.**

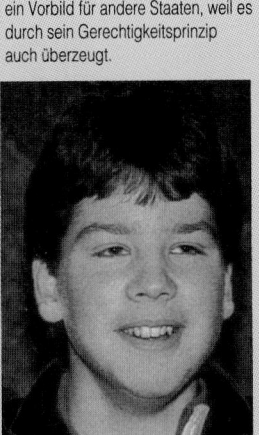

Wohnst du gern in Berlin und was machst du in deiner Freizeit?

Eva: Ja, ich wohne gern in Berlin, da ich dort aufgewachsen bin und große Städte mag. In meiner Freizeit fahre ich oft in die City einkaufen, treffe mich oder telefoniere mit Freunden, gehe schwimmen oder sehe fern. Ich sehe gern Serien, wie zum Beispiel Lindenstraße oder Nachbarn, außerdem mag ich Krimis und Komödien gern.

Wohnen Sie gern in Berlin?

Ulrike: Ja, sehr gerne. Berlin ist eine sehr interessante und lebendige Stadt, und in der historischen Situation jetzt auch eine sehr aufregende Stadt. Das Leben hier ist viel lebendiger als in den anderen deutschen Städten. Man kann hier allen Interessen nachgehen. Das Angebot ist sehr reichhaltig.

Lena: Ja, ich wohne sehr gerne hier. Ich bin hier geboren und gehe jetzt in Berlin zur Universität. Ich hätte auch an eine andere Uni gehen können, aber Berlin gefällt mir sehr gut. Für mich ist es die attraktivste Stadt in Deutschland. Es gibt hier ein gutes Angebot, und ich werde von den Büchern weggelockt, obwohl ich eigentlich arbeiten sollte. Ich gehe mehr ins Theater oder in Kneipen, als ich eigentlich Zeit habe.

Reiner: Ich wohne sehr gerne hier, Berlin ist eine wirklich tolle Stadt. Ich bin in Erding in der Nähe von München geboren und gehe hier zur Universität. Ich wohne sehr gerne in einer Großstadt, und Berlin hat ein sehr reichhaltiges Angebot für alle Interessen.

Was machen Sie in Ihrer Freizeit?

Ulrike: Ich bin Lehrerin, ich habe keine Freizeit! Wenn ich doch etwas freie Zeit habe, treffe ich mich am liebsten mit meinen Freunden. Manchmal gehe ich auch ins Kino. Am liebsten würde ich mindestens dreimal in der Woche ins Kino gehen, aber ich schaffe es vielleicht einmal im Monat. In die Kneipe gehe ich vielleicht einmal in der Woche, wenn ich Glück habe. Ich ginge auch sehr gerne in Konzerte, aber auch dazu habe ich einfach die Zeit nicht. Das letzte Konzert, zu dem ich gegangen bin, war in Weißensee – die „Rolling Stones".

Übung 28   Wie sagt man…?

1. A very exciting town.
2. Much more lively than.
3. Very extensive.
4. I was born here.
5. But I manage it.
6. If I'm lucky.

Übung 29   Interview deine Mitschüler

1. Wie gefällt dir dein Zuhause?
2. Was machst du in deiner Freizeit?
3. Wie möchtest du als Engländer(in) gesehen werden?

Berufsschule und Studium

Berlin, den 16. März

Lieber James!
Ich heiße Timo Behrendt und bin 15 Jahre alt. Mein Geburtstag ist am 3. März. Ich habe braune Haare und braune Augen. Ich bin im Moment 1,83 m groß und wiege 69 kg (mit Kleidung). Meine Hobbies sind skifahren, ferngesteuerte Modelle bauen und ich lerne auch Karate. Gehe aber nicht immer zum Training. Seit 1½ Jahren spiele ich Schlagzeug und bin seit zwei Wochen in der Schulband. Wir üben gerade "Bye Bye Love" von Simon und Garfunkel. Ich interessiere mich auch sehr für Geschichte, ganz besonders für das Mittelalter. Mein letztes Hobby sind Mädchen. Ich verbringe nämlich eine menge Zeit damit, mich über Mädchen zu ärgern, die wieder irgendetwas rumerzählt haben, was ich ihnen privat gesagt habe.
Ich gehe auf die Sophie-Scholl-Gesamtschule. Sie liegt in Schöneberg, und meistens gehe ich gerne dort hin, nur nicht, wenn wir Französisch haben. Die Schule fängt um 8:00 Uhr an und ist meist um 14:35 zu Ende. Wir haben 5 Stunden, und dann essen wir zu Mittag. Danach haben wir noch 2 Schulstunden.
Tschüs,
Timo Behrendt

Übung 1 Beantworte die Fragen!

1. Wie sieht Timo aus? Und du?
2. Timo hat sechs „Hobbys". Welche? Und du?
3. Was sagt Timo über Mädchen?
4. Was für eine Schule besucht Timo?
5. Wie sieht Timos Schultag aus?

Interview mit Eva

Interviewer: Was für eine Schule besuchst du?
Eva: Ich besuche ein Gymnasium.
Interviewer: Und welche Fächer hast du?
Eva: Ich habe Mathe, Chemie, Kunst, Sport, Deutsch, Geschichte, Latein, Englisch, Erdkunde, Physik, Biologie; und Englisch und Biologie nochmal als Profilkurs.
Interviewer: Bekommst du viele Hausaufgaben?
Eva: Ja, ich bekomme relativ viele Hausaufgaben.
Interviewer: Wie findest du deine Lehrer?
Eva: Die meisten Lehrer finde ich nett, manche sind streng, manche sind weniger streng.
Interviewer: Kannst du die tägliche Routine in der Schule beschreiben?
Eva: Die Schule beginnt meistens um 8.00 Uhr; für manche später. Hat man Fundamentalunterricht, dann geht man in seinen Klassenraum, hat man Unterricht im Profilbereich, dann geht man in seinen Kursraum. Nach zwei Unterrichtsstunden hat man Pause. Nach weiteren zwei Stunden hat man wieder Pause, und nach den danach folgenden zwei Stunden ist meistens Schulschluß, für manche war das schon früher, für manche ist es später. Normalerweise ist es um 13.25 Uhr. Es kann auch vorkommen, daß man zwischendurch Freistunden hat, in denen man Hausaufgaben erledigen kann oder die Schule verlassen kann.
Interviewer: Wie kommst du zur Schule und wie lange dauert das?
Eva: Ich fahre zwei Stationen mit der U-Bahn und laufe dann ein Stück, um zur Schule zu kommen. Es dauert ca. zehn Minuten.
Interviewer: Und wie gefällt dir die Schule?
Eva: Die Schule gefällt mir gut, wir haben schöne Klassenräume und, da die Lehrer uns im Rahmen des Lehrplans Themen aussuchen lassen, die wir wollen, macht das Lernen meistens Spaß.

Übung 2 — Und du? Interview deine Mitschüler!

1. Was für eine Schule besuchst du?
2. Welche Fächer hast du?
3. Wie findest du deine Lehrer?
4. Kannst du die tägliche Routine in der Schule beschreiben?
5. Wie kommst du zur Schule und wie lange dauert das?
6. Wie gefällt dir deine Schule?
7. Bekommst du viele Hausaufgaben?
8. Wo machst du deine Hausaufgaben?
9. Wie lange brauchst du meistens?
10. Um wieviel Uhr fängst du an?
11. Für welches Fach hast du die meisten Hausaufgaben?
12. Hörst du dabei Musik? Warum (nicht)?
13. Wer kontrolliert deine Hausaufgaben?

Zungenbrecher

Wer spricht am schnellsten?

Esel essen Nesseln nicht. Nesseln essen Esel nicht.

In Ulm, um Ulm, und um Ulm herum.

Fischers Fritz fischt frische Fische. Frische Fische fischt Fischers Fritz.

Kennst Du andere Zungenbrecher? Vielleicht kannst Du sogar einen selber erfinden!

Wenn die Schüler des Kirchdorfer Gymnasiums zum Kunstunterricht gehen, lassen sie den Zeichenblock zu Hause. Sie arbeiten mit dem Computer.

Im Kunstunterricht gab es Computer bisher noch nicht. In vielen Schulen benutzt man sie in Informatikkursen. Doch wie kann man mit Computern Kunst machen? Jürgen Schmidt ist Kunstlehrer. Er hat vor einigen Monaten entdeckt, daß er mit dem Personal Computer — dem PC — wunderbar in seinem Unterricht arbeiten kann. Auch seine Schülerinnen und Schüler sind begeistert. Heute weiß jedes Kind, wie ein Computer aussieht. Manche sagen: wie eine sehr flache Schreibmaschine. Über die Tasten gibt man Signale ein. Die Elektronik im Computer macht daraus Formen und Farben auf dem Monitor. Aber man kann auch mit der „Maus" Befehle eingeben. Die Maus ist ein kleines rechteckiges Kästchen. Durch ein Kabel ist die Maus mit dem Computer verbunden. Wenn man die Maus hin und her bewegt, bewegt sich auch der kleine Pfeil auf dem Bildschirm. So kann man mit dem Pfeil auf dem Bildschirm „zeichnen" oder sogar „malen". Man geht mit dem Pfeil auf die „Menüleiste" ganz oben am Rand des Bildschirms und wählt die verschiedenen Möglichkeiten. Durch Druck auf die Maus kann man dann die Farben und Formen verändern.

Die Schüler verstehen sehr schnell, wie die Technik funktioniert. So arbeiten sie ohne Schwierigkeiten mit dem neuen elektronischen Medium. Auch die Kreativität geht nicht verloren, wie manche Kritiker glauben.
„Das Schöne ist, daß man seine Ideen schnell verwirklichen kann", sagt der 17jährige Michael. Er liebt abstrakte Bilder. „So was kann ich nie mit dem Pinsel malen", meint er. „Aber mit dem Computer geht's ganz einfach. Und ich kann sogar aus einem Bild zwei machen," Die Schüler speichern die fertigen Bilder auf einer Diskette. Diese magnetische Kunststoffscheibe nimmt alle Bildsignale auf. Später kann man sie immer wieder „abrufen". Dann kann man an dem Bild „weitermalen" und vieles verändern. So entsteht ein neues Bild, eine Variation.
Sascha und Klaus arbeiten mit der Videokamera. „Wir digitalisieren unsere Porträts!" erklärt Klaus fachmännisch. Die Schüler filmen sich gegenseitig mit der elektronischen Kamera. Der Computer speichert die Bilder, und auf dem Bildschirm erscheinen die Gesichter.
Nun kann das Spiel beginnen: Nasen werden verlängert und Ohren vergrößert.
Nina greift zum elektronischen Pinsel und färbt sich die Haare lila. Wie ist sie am schönsten? Sie probiert Lidschatten in verschiedenen Farben. Alles ist möglich. Möchtest Du zum Beispiel Dein Bild auf einem Tausendmarkschein sehen? Auch das ist möglich. „Die Elektronik ist natürlich kein Ersatz für Pinsel und Palette", erklärt der Pädagoge Schmidt. „Aber es ist ein neuer Weg, sich kreativ auszudrücken. Er ist nicht weniger gut als konventionelle Methoden. Und er macht den jungen Leuten großen Spaß." Am Stundenende muß Lehrer Schmidt die Schüler oft mit sanfter Gewalt aus dem Kunstraum schieben.

Übung 3   Beantworte die Fragen!

1. Warum lassen die Schüler des Kirchdorfer Gymnasiums den Zeichenblock zu Hause?
2. Was ist die Maus und was macht man damit?
3. Warum arbeitet Michael gern mit dem Computer?
4. Was machen Sascha, Klaus und Nina gern?
5. Was muß Lehrer Schmidt am Ende der Stunde oft machen?

Übung 4   Wie sagt man…?

1. Sketch pad.
2. He discovered that…
3. Orders, commands.
4. The small arrow.
5. On the edge of the screen.
6. Various possibilities.
7. To change.
8. To lengthen, extend.
9. To enlarge, increase.
10. No substitute for.

Moderner Unterricht
Der Lehrer: „So, Kinder, ab heute rechnen wir mit Computern." Die Kinder strahlen. „Also, wieviel sind drei Computer und vier Computer?"

DAS ARBEITSAMT INFORMIERT:
HAUPTSCHULABSCHLUSS – WAS NUN?

Wenn Sie am Ende dieses Schuljahres mit einem Hauptschulabschluß (oder der Mittleren Reife) Ihre Schule verlassen wollen, dann müssen Sie sich schon jetzt Gedanken darüber machen, was danach kommt. Sie haben verschiedene Möglichkeiten:

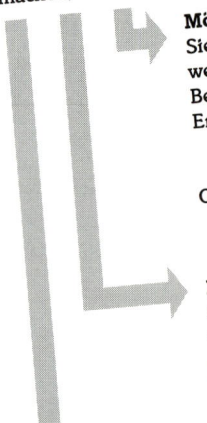

Möglichkeit 1
Sie finden einen Ausbildungsplatz in einem Ausbildungsbetrieb. Sie werden dann sowohl an Ihrem Arbeitsplatz als auch in der Berufsschule ausgebildet (das ist das sogenannte „duale System").

Entweder: Sie gehen pro Woche vier Tage an Ihren Arbeitsplatz und einen Tag in die Berufsschule. Dort haben Sie etwa acht Schulstunden.

Oder: Sie haben „Blockunterricht" an der Berufsschule: Pro Jahr 8-12 Wochen. Den Rest der Zeit verbringen Sie an Ihrem Arbeitsplatz.

Möglichkeit 2
Sie haben noch keinen Ausbildungsplatz oder Arbeitsplatz. Sie wählen eine Berufssparte (z.B. Verkaufsberufe, mechanische Berufe usw.) und absolvieren an der Berufsschule Ihr sogenanntes Berufsgrundbildungsjahr. Wenn Sie später einen Ausbildungsplatz finden, zählt dieses Jahr als Ihr erstes Ausbildungsjahr. Sie verlieren also keine Zeit.

Möglichkeit 3
Sie haben keinen Ausbildungsplatz, aber einen Arbeitsplatz. Sie sind unter 18 und also noch schulpflichtig. Sie verbringen vier Tage pro Woche an Ihrem Arbeitsplatz und gehen einen Tag pro Woche zur Berufsschule, ähnlich wie in Möglichkeit 1.

Was lernen Sie an der Berufsschule?
Ihr Unterricht lässt sich in zwei Teile unterteilen:
1: Etwa 40% des Unterrichts sind allgemeine Fächer: Deutsch, Mathematik, eine Fremdsprache, Wirtschaftskunde, Sozialkunde, Religionslehre, Sport.
2: Etwa 60% sind fachspezifisch: ein zukünftiger Friseur lernt etwas über Haare, Haarpflege, Geschäftsführung usw., und zukünftige Automechaniker beschäftigen sich mit verschiedenen Motoren, Reparaturgeräten, Sicherheitsregeln usw. Viele dieser Unterrichtsstunden sind praktisch.

Wie lang dauert die Berufsschulbildung?
In fast allen Fällen drei Jahre. Genaueres erfahren Sie von einer Berufsschule in Ihrer Nähe.

Was kostet das Ganze?
Der Unterricht an allen staatlichen Berufsschulen ist kostenlos.

Was machen Sie, wenn Sie den Hauptschulabschluß nicht schaffen?
Erkundigen Sie sich bei der nächsten Berufsschule: vielleicht können Sie doch an einem Berufsschulkurs teilnehmen.

PS:
Erzählen Sie Ihren älteren Freunden/Freundinnen:
Auch Erwachsene sind in der Berufsschule willkommen. Schulpflicht besteht nur bis zum 18. Lebensjahr, aber das Recht auf Ausbildung haben Sie lebenslänglich.

Haben Sie noch weitere Fragen?
Wenden Sie sich an die Berufsberatung des Arbeitsamtes.

Übung 5   Wie sagt man...?

1. Secondary school leaving certificate (after year 10).
2. Leaving certificate (after year 11).
3. Employment exchange, job centre.
4. Training placement.
5. Vocational school.
6. To train.
7. Place of work.
8. Subject orientated.
9. Basic vocational year.
10. First year of training.
11. Careers advice.

> Wer einen Ausbildungsplatz in einem Betrieb hat, heißt offiziell „Auszubildender" (abgekürzt „Azubi"). Aber die meisten Deutschen verwenden das ältere Wort „Lehrling". Die Ausbildung heißt dann „Lehre", der Ausbildungsplatz „Lehrstelle" usw.

> 53,3% aller 16jährigen haben die mittlere Reife.
> 34,9% aller 16jährigen haben einen Hauptschulabschluß.
> 35,8% aller 18jährigen haben das Abitur.

> ■ Für Erwachsene gibt es Möglichkeiten, das Abitur über den **zweiten Bildungsweg** nachzuholen. Für das Abendgymnasium z.B. muß man mindestens 19 Jahre alt sein und Berufserfahrung haben. (Auch den Haupt- und Realschulabschluß kann man in Abendschulen nachholen.)

Übung 6   Was weißt du über das deutsche Ausbildungssystem?

1. Welchen Schulabschluß sollte man haben, wenn man zur Berufsschule gehen will?
2. Was ist das „duale System"?
3. Was macht man, wenn man keinen Ausbildungsplatz hat?
4. Welche Fächer lernt man in der Berufsschule?
5. Wie lange geht man zur Berufsschule?
6. Welche Altersgruppen können zur Berufsschule gehen?
7. Was kann man in Abendschulen machen?

Übung 7   Und in Großbritannien?

Vergleiche die deutsche Berufsschule und das britische College of Further Education. Versuche, folgende Worte zu verwenden: duales System; Ausbildung am Arbeitsplatz; Hauptschulabschluß; allgemeine Fächer an der Berufsschule; für Jugendliche und Erwachsene; Berufsgrundbildungsjahr; Schulpflicht bis 18 Jahre.

8

Stundenplan		
Name: Ingrid Hippe		
Fachklasse: Fahrzeugmechaniker		
Berufsschultag: Montag		

1.	8.00- 8.55:	Deutsch
2.	8.55- 9.50:	Mathematik
3.	9.50-10.45:	Gesellschaftslehre
	PAUSE	
4.	11.05-12.10:	Sicherheit am Arbeitsplatz
5.	12.10- 1.05:	Motorenkunde
	MITTAGSPAUSE	
6.	2.00- 2.55:	Fahrzeugelektronik
7.	2.55- 3.50:	praktische Ausbildung in der Übungswerkstatt

Stundenplan		
Name: Elmar Heider		
Fachklasse: Bürofachkraft		
Berufsschultag: Mittwoch		

1.	8.00- 8.55:	Informatik
2.	8.55- 9.50:	Mathematik
3.	9.50-10.45:	Deutsch
	PAUSE	
4.	11.05-12.10:	Büroführung
5.	12.10- 1.05:	Gesellschaftslehre
	MITTAGSPAUSE	
6.	2.00- 2.55:	Englisch
7.	2.55- 3.50:	Stenographie und Schreibmaschine

Ich heiße Ingrid Hippe. Ich bin 17 Jahre alt und mache eine Lehre als Fahrzeugmechanikerin. Ich besuche die Berufsschule Berlin-Dankelmannstraße. Also, ich arbeite dienstags, mittwochs, donnerstags und freitags in meinem Lehrbetrieb, einer Toyotawerkstatt, und montags gehe ich zur Berufsschule. Mir machen die Ausbildung und die Schule großen Spaß, obwohl ich in der Werkstatt das einzige Mädchen bin und in der Schule eins von dreien. Anfangs hatten wir viel mit Vorurteilen zu tun: Mädchen wollen sich nicht die Hände dreckig machen, haben die Leute gesagt, und Mädchen haben nicht genug Kraft für diesen Beruf. Das erste ist Unsinn, und das zweite stimmt zwar, aber macht nichts, denn wozu gibt es Maschinen? Ich möchte Automechaniker-Meisterin werden und meinen eigenen Betrieb aufmachen. Nur ein Problem habe ich: Weil ich erst 17 bin, habe ich noch keinen Führerschein!

SCHNELLE ZWILLINGE

Die Zwillinge Bettina und Martina Schmidt (21 Jahre) feiern gleich doppelten Erfolg: Die Mädchen aus St. Ingbert bei Saarbrücken gehören zu den ersten Lokführerinnen in der Bundesrepublik. Früher gab es nur männliche Lokführer. Jetzt sitzen auch Frauen im Lokführerhaus. Bettina und Martina können sogar kleine technische Störungen reparieren. Beide haben vorher nämlich eine Lehre als Maschinenschlosserinnen gemacht. Auch das An- und Abhängen der Wagen ist kein Problem. Die Zwillinge zeigen ihren männlichen Kollegen, daß Frauen genauso gut Lokomotive fahren!

Illustration: Ofczarek

Die Suche nach dem Lehrling

Wer vor fünf Jahren eine Lehrstelle suchte, mußte viele Bewerbungen schreiben. Heute ist das einfacher. Es gibt mehr Lehrstellen als Bewerber. Viele Geschäfte hängen sogar Schilder in ihre Schaufenster, um einen Lehrling zu finden. Der Grund: In den 70er Jahren sind weniger Kinder geboren worden. Außerdem wollen viele Jungen und Mädchen lieber studieren. Das Ergebnis: Auf 120 offene Lehrstellen kommen 100 Bewerber. 1984 gab es dagegen nur 95 freie Lehrstellen auf 100 Bewerber. Die Hitparade der „Lehrberufe" hat sich dagegen kaum geändert. Bei den Jungen sind noch immer die technischen Berufe wie Automechaniker beliebt. Die Mädchen wählen am häufigsten die Berufe Kauffrau, Friseuse und Verkäuferin.

Übung 8

Wer als Mädchen einen „Jungenberuf" wählt oder als Junge einen „Mädchenberuf", bekommt Vorurteile zu hören.

a) Mach mit einem Partner/einer Partnerin eine Liste von Berufen.
b) Teilt sie in „Männerberufe", „Frauenberufe" und neutrale Berufe ein.
c) Was für Vorurteile hört man, wenn man den „falschen" Beruf wählt? Versucht, für jeden Beruf ein Vorurteil zu finden.
d) Und was kann man zu diesen Vorurteilen sagen? Macht Rollenspiele. Eine(r) ist ein junger Mensch mit modernen Ideen, der/die andere vertritt das Vorurteil.

Name:	Elmar Heider
Alter:	18
Was für eine Ausbildung machen Sie?	Bürofachkraft
Warum haben Sie diesen Beruf gewählt?	Meine Mutter ist Büroangestellte und es macht ihr viel Spaß. In Büros wird heute viel mit Computern gearbeitet und daran hatte ich schon immer Interesse.
Wieviele Jahre dauert die Ausbildung?	3 Jahre
Wie gut sind Ihre Aussichten auf eine Stelle nach der Ausbildung?	Sehr gut. Wenn ich ein gutes Abschlußzeugnis bekomme, kann ich sogar in meinem Ausbildungsbetrieb bleiben.
Wieviele Tage in der Woche verbringen Sie an Ihrem Ausbildungsplatz und wieviele in der Berufsschule?	Montags, dienstags, donnerstags und freitags bin ich im Büro, mittwochs in der Berufsschule.
Finden Sie dieses Verhältnis richtig?	Ich persönlich hätte gerne noch mehr Schule, aber die meisten Leute in meiner Klasse finden die Schule ziemlich langweilig.
Welche Fächer lernen Sie in der Schule? Welche sind allgemein und welche beziehen sich direkt auf Ihre Ausbildung?	allgemeine Fächer: Mathematik, Deutsch, Gesellschaftslehre, Englisch spezifische Fächer: Informatik, Büroführung, Steno und Schreibmaschine
Bekommen Sie Hausaufgaben? (Was? z.B. einen Aufsatz schreiben, etwas in einem Buch lesen)	Ja! Schreibmaschine üben, Rechtschreiberegeln üben, Kapitel im Sozialkundebuch lesen…
Wieviele Schüler/innen sind in Ihrer Klasse?	16 Schülerinnen und vier Schüler. 'Sekretärin' wird als Mädchenberuf gesehen.
Vergleichen Sie Ihre Berufsschule mit Ihrer früheren Schule.	Der größte Unterschied ist, daß wir in der Berufsschule als Erwachsene behandelt werden.
Was war Ihr Lieblingsfach in Ihrer früheren Schule?	Informatik!
Wie lang ist Ihr Schultag?	Sehr lang: von morgens acht bis nachmittags um vier.
Und wie lang ist Ihr Arbeitstag?	Noch länger: 8.00 bis 16.30 Uhr
Müssen Sie auch am Abend oder Wochenende arbeiten?	Nein, im Büro nicht.
Macht Ihnen die Ausbildung Spass? (Warum/warum nicht?)	Eigentlich ja. Nur manchmal behandeln mich die Kollegen und Kolleginnen im Büro so, als sei ich noch ein Kleinkind. Und ich verdiene als Azubi nicht viel.
Was machen Sie in Ihrer Freizeit?	Ich treibe viel Sport, weil ich tagsüber so viel rumsitze, und ich gehe gern ins Kino

Berufe testen? Wo kann man das? — Beim Betriebspraktikum!

Christine („Tine!") ist in einer Zahnarztpraxis. Schon am dritten Tag durfte sie dem Doktor assistieren. „Sie ist flink und neugierig", erzählt mir der Arzt. „Sie kann schon mitmachen wie eine richtige Zahnarzthelferin." Toll!

Der nächste Besuch führt in den Tierpark. Bärbel liebt Tiere, besonders Pferde. Sie will ausprobieren, wie ein Tierpfleger arbeitet. Ich finde sie im Stall mit Mistgabel und Gummistiefeln. „Echt suuuper!" strahlt sie. „Immer an der frischen Luft und mit Tieren zusammen. Das ist eine tolle Arbeit!" Ich muß mitkommen auf die Wiese zu den Pferden und zu den Wisenten. Zum Glück darf ich bei den Wölfen draußen bleiben.

Aber nicht alle haben so viel Spaß. Susi (in einer anderen Arztpraxis) findet es „echt öde". Sie darf nur zuschauen und kann nichts selber machen. Manfred („Mannie") saß eine Woche lang in der Stadtverwaltung am Schreibtisch und durfte nur Bleistifte spitzen. „Zum Glück haben die mich schon um zwölf nach Hause geschickt", meint er. Sybille kann von so kurzen Arbeitszeiten nur träumen: „Silber putzen und Gläser spülen!" schimpft sie. „Von morgens um acht bis nachmittags!" Das ist ihr „Praktikum" im Restaurant eines Hotels. Eigentlich wollte sie den Beruf einer Hotelkauffrau kennenlernen.

Traumberufe

Mehr als 60 Prozent der 15- bis 24jährigen in der Bundesrepublik Deutschland träumen von einem „Traumberuf". Das ergab eine Umfrage der Zeitschrift „stern". Sie zeigte auch, wie schnell Träume kommen und gehen. Noch vor zehn Jahren wollten die jungen Männer am liebsten als Förster durch den Wald wandern. Heute möchten sie Naturwissenschaftler werden (12,7 Prozent). Ingenieur (12 %) oder Manager (8,5 %). Die jungen Frauen sehen sich im Traum gerne als Künstlerin (11 %). Modedesignerin (7,2 %) oder als Managerin in einem Hotel (7,6 %).

Manche Träume sind sogar schon Wirklichkeit: Ihren Traumberuf haben 9,5 % der Männer und 2,9 % der Frauen – sagen sie. Dennoch sind 82,5 % von allen, die einen Beruf haben, mit ihrer Arbeit zufrieden! Also: Auch ohne Traumberuf kann man glücklich sein.

Und siehe da, die realistischen Berufswünsche sehen etwas anders aus: Am liebsten möchten 44,5 % der Frauen „einen sozialen Beruf, weil der Umgang der Menschen miteinander über unsere Gesellschaft entscheidet". 41,6 % würden auch „etwas Alternatives machen – mit mehr Freiraum und Selbstbestimmung". 32,8 % wollen „künstlerisch schaffen", denn „das ist der einzige Weg, um im Beruf Befriedigung zu finden".

Und wo möchten sie arbeiten? Am liebsten beim Staat. Der ist für viele der sicherste Arbeitgeber. Aber gleich danach kommen die Fluglinie Lufthansa, die Medien (Presse, Rundfunk, Fernsehen) und (vor allem bei den Männern) der Elektrokonzern Siemens und die Autofirma Daimler-Benz.

Konkrete Wünsche gibt es auch bei der Arbeitszeit: 48,2 Prozent sind gegen weniger Wochen-Stunden. Aber 83 Prozent (!) wollen Teilzeitarbeit und flexible Arbeitszeiten. Und 46,9 Prozent wünschen sich mehr Urlaub.

Mehr Zeit zum Träumen?   hwk

Übung 9   Beantworte die Fragen!

1. Wie findet der Zahnarzt Christine?
2. Warum findet Bärbel das Betriebspraktikum echt super?
3. Warum haben Susi und Manfred nicht so viel Spaß?
4. Was gefällt Manfred?
5. Was muß Sybille machen?

Welchen Beruf haben Sie?

In Zukunft werden Sie diese Frage noch oft hören, von vielen Menschen, die Sie kennenlernen und die Sie durch Ihre Antwort besser kennenlernen möchten.

Über 360.000 Menschen in Deutschland antworten auf die Frage nach dem Beruf: „Ich bin Krankenschwester!" oder „Ich bin Krankenpfleger!"

Doch bevor auch Ihre Antwort so oder ähnlich klingen wird, sollten Sie sich fragen, ob ein Pflegeberuf für Sie in Frage kommt.

Er kann für Sie in Frage kommen, wenn Sie Teamgeist besitzen, weil die umfassende Behandlung der Patienten nur im Team möglich ist, wenn „Verantwortung übernehmen" zu Ihren Stärken zählt, weil Ihre Tätigkeit in der Kranken- oder Altenpflege eine besonders verantwortungsvolle Aufgabe ist.

Im Mittelpunkt Ihrer Arbeit steht der Mensch. Für ihn sind Sie der Bezugspunkt. Er erwartet von Ihnen Können, Einfühlungsvermögen, Hilfsbereitschaft, Fürsorge.

Das Können können wir Ihnen beibringen.

Was Sie mitbringen müssen, ist Ihr Engagement, anderen Menschen zu helfen. Was wir Ihnen geben, ist ein herausragender Beruf.

Ein Beruf fürs Leben.

Ein Beruf, der Leben erhält, und ein Beruf, den Sie ein Leben lang ausüben können. Kein Mikroprozessor wird jemals einfühlsam, hilfsbereit und fürsorglich sein.

Ein zukunftsorientierter Beruf. Und ein Beruf, in den man wieder zurückkehren kann, wenn zum Beispiel die Kinder größer geworden sind.

Interview mit Eva

Interviewer: Was für einen Beruf möchtest du ergreifen?

Eva: Ich möchte Kinderärztin werden, da ich mich für Medizin interessiere und Kinder mag.

Interviewer: Was für Qualifikationen brauchst du dafür?

Eva: Wegen des Numerus Clausus braucht man einen relativ guten Notendurchschnitt im Abitur, um für das Medizinstudium zugelassen zu werden. Nach zehn Semestern Studium muß man ein praktisches Jahr in einer Klinik ablegen und dann die Staatsprüfung bestehen. Um Kinderärztin zu werden, braucht man dann noch eine vierjährige Fortbildung in einem Universitätsklinikum, bis man es nach einer zweiten Prüfung geschafft hat.

Interviewer: Ist es ein Beruf, bei dem man viel verdient?

Eva: Ja, in diesem Beruf verdient man relativ viel. Wenn man im Krankenhaus als Kinderärztin beschäftigt ist, verdient man ca. DM 7,000 monatlich, hat man seine eigene Praxis, verdient man ca. DM 8,000 – 9,000 monatlich.

Übung 10 Wie sagt man…?

1. A responsible job.
2. Ability, skill.
3. Helpfulness.
4. To teach.
5. To bring along.
6. An outstanding job.
7. Understanding.
8. To be accepted.
9. To pass (exam).
10. Employed as.

Anna, Jörg, Erdinç und Karin sitzen bei einem Glas Wein in einer Teestube für Schüler und Studenten. Sie unterhalten sich über Berufe.

Erdinç: Mein Vater ist Koch und er mag seinen Beruf sehr gerne, obwohl er an drei Tagen in der Woche erst um Mitternacht nach Hause kommt. Aber er verdient gut, und die Arbeit macht ihm Spaß. Er möchte gerne, daß ich auch Koch werde, aber dazu habe ich keine Lust. Kochen ist für mich nur ein Hobby. Ich möchte mein Abitur machen und dann studieren. Meine Leistungskurse in der Oberstufe sind Englisch und Französisch, und ich möchte vielleicht Linguistik studieren. Aber was ich dann damit mache, weiß ich noch nicht.

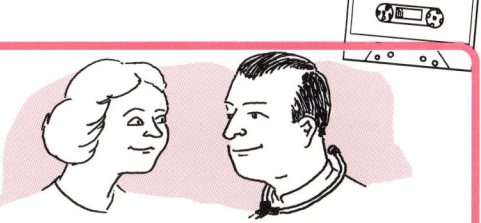

Karin: Meine Mutter ist Hausfrau und mein Vater Arzt. Hausfrau möchte ich auf keinen Fall werden, ich will einen richtigen Beruf haben. Meine Eltern möchten, daß ich auf die Uni gehe. Im Augenblick interessiere ich mich am meisten für technische Berufe, vielleicht Ingenieurin oder so etwas. Dafür würde ich nach dem Abitur eine Ingenieurfachschule besuchen.

Anna: Meine Eltern arbeiten beide in einer Bank. Sie haben sich sogar an ihrem Arbeitsplatz kennengelernt. Ich glaube, sie finden die Arbeit angenehm, aber nicht sehr abwechslungsreich. Ich möchte gerne Dolmetscherin werden. Fremdsprachen sind nämlich meine Lieblingsfächer in der Schule. Aber man muß hervorragende Noten haben, sonst bekommt man keinen Studienplatz. Als Dolmetscherin würde ich viel mit Menschen zu tun haben und hoffentlich auch viel reisen.

Jörg: Meine Mutter möchte, daß ich einmal die Pension übernehme, aber dazu habe ich keine Lust. Mein Vater ist Drucker und zur Zeit arbeitslos, das ist also auch kein Beruf mit guten Aussichten. Deshalb mache ich zur Zeit das Berufsgrundbildungsjahr, Fachrichtung Handel, aber das wißt ihr ja. Ich würde gerne einmal in einem Geschäft arbeiten, wo ich mit Menschen zusammenkomme oder vielleicht in einem Reisebüro. Da verdient man auch ganz gut.

Übung 11   Beantworte die Fragen!

1. Warum mag Erdinçs Vater seinen Beruf?
2. Warum hat Erdinç keine Lust, Koch zu werden?
3. Was möchte Karin machen, wenn sie die Schule verläßt?
4. Was hat Jörg vor? Warum?
5. Was sind deine Eltern (und Geschwister) von Beruf? Machen sie das gern?

hunderteinunddreißig

Berlin ist die größte deutsche Universitätsstadt. Es hat zwei allgemeine Universitäten, eine Hochschule der Künste, eine technische Universität und viele Forschungsinstitute. 10% der Berliner Studenten kommen aus dem Ausland.

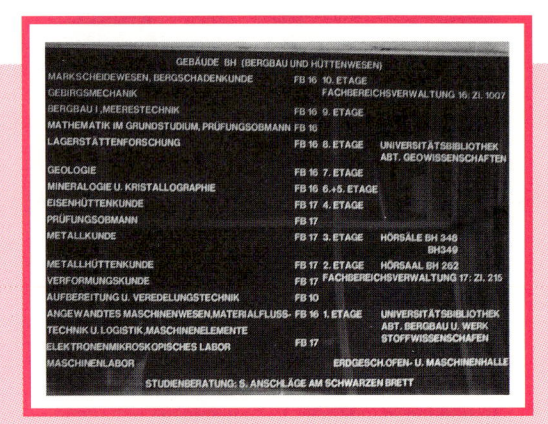

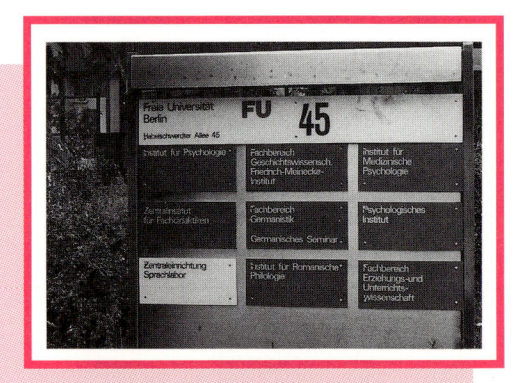

Leben, Lernen und Arbeiten in Berlin

Berlin war schon immer die größte Universitätsstadt Deutschlands. Rund 110 000 Studenten besuchen allein im Westteil eine Hochschule. So entschlossen sich Jahr für Jahr viele, nach Berlin zu ziehen, denn das Ausbildungsangebot ist vielfältig und das Leben pulsiert wie nirgendwo sonst im Land.

Dennoch beklagte die Stadt lange Zeit den Mangel an qualifizierten Fachkräften. Man half all jenen, die nach Berlin ziehen und hier leben und arbeiten wollten, mit finanziellen Anreizen. Diese Zeiten sind freilich vorbei. Die Anziehungskraft der Metropole Berlin ist groß wie nie zuvor. Seit einigen Jahren steigt die Bevölkerungszahl wieder stark an.

Wer nach Berlin ziehen möchte, sollte sich vorher über Arbeits- und Ausbildungsmöglichkeiten informieren. Leider gehört die Wohnungssuche gerade für Neuberliner zum schwierigsten Problem. Wie in anderen Ballungszentren auch, ist die Misere groß. Ob und in welchem Umfang Ost-Berlin in Zukunft als Ausweichmöglichkeit in Frage kommt, ist zur Zeit noch nicht absehbar. Auf jeden Fall ist die Situation im Ostteil ähnlich angespannt und der Wohnungsstandard in der Regel niedriger.

Das auskunfts - und beratungscenter - abc-
33, Hohenzollerndamm 125,
Tel: 82 00 82 60
Di-Fri 16-20, Sa 11-14 Uhr
Informations- und Beratungsdienst für Neuberliner. Vermittelt auch Kontakte zu Vereinen und kulturellen Institutionen. Über die Ausbildungsmöglichkeiten, Berufe und Studiengänge informiert das Berufsinformationszentrum, Ernst-Reuter-Platz 10, 1000 Berlin 10, Tel. 258 44 44.

Der Informations- und Beratungsdienst für zuwandernde Arbeitnehmer bei der Senatsverwaltung für Arbeit, Verkehr und Betriebe, Kleiststr. 23-26, 1000 Berlin 30, Tel. 31 83 27 50, informiert über die Berufssituation in der Stadt, welche Arbeitnehmer gesucht und welche Hilfen geboten werden. Zudem gibt diese Verwaltungsstelle eine kostenlose aktuelle Informationsschrift heraus.

Lena Witschkov und Luise Schmidt sind Freundinnen. Sie studieren an der Freien Universität Berlin.

Lena		Luise
Ich möchte Lehrerin werden. Meine Fächer sind Sport und Politik.	*Welchen Beruf möchten Sie ergreifen?*	Ich möchte auch Lehrerin werden. Meine Fächer sind Sport und Deutsch.
Latein, Biologie, Politische Weltkunde und Kunst.	*Was waren Ihre Abiturfächer?*	Biologie, Deutsch, Politik und Sport.
Es dauert ungefähr sechs Jahre.	*Und wie lange dauert Ihr Studium?*	Meines auch.
Da ist ein großer Unterschied zwischen „müssen" und „tun"! Es kommt darauf an, ob man Vorlesungen hat oder sich, wie ich jetzt, auf das Examen vorbereitet. Ich komme gegen elf in die Uni und bleibe mindestens bis 7 Uhr abends.	*Wie viele Stunden am Tag müssen Sie an der Uni verbringen?*	Ich habe jetzt auch keine Vorlesungen mehr, aber ich bin den ganzen Tag in der Uni. Hier kann ich viel besser lernen als zu Hause.
Das Studium macht mir Spaß – es ist viel freier als das Lernen in der Schule. Leider ist vieles, was wir lernen, nur für das Examen nützlich und nicht später für den Beruf.	*Wie gefällt es Ihnen an der Freien Universität Berlin?*	Mir gefällt das Studium sehr gut, vor allem in Sport. Die Freie Universität Berlin hat aber auch Probleme. Sie ist nämlich viel zu beliebt, eine richtige Massenuniversität. In Deutsch sind wir manchmal 200 Studenten in einem Kurs, und dann sind alle Räume viel zu klein. Es gibt natürlich auch Kurse mit weniger Studenten.
Das liegt bei uns in der Familie. Mein Vater war Lehrer, und meine Mutter Schulsekretärin, aber nicht in der gleichen Schule. Es ist aber zur Zeit schwierig, eine Stelle als Lehrerin zu bekommen, vielleicht muß ich eine andere Arbeit annehmen, um Geld zu verdienen.	*Warum möchten Sie Lehrerin werden?*	Ich bin unheimlich gerne zur Schule gegangen. Die Schule hat mir von Anfang an sehr viel Spaß gemacht. Als ich aus der Schule kam, habe ich gedacht, daß ich auch gerne wieder in die Schule zurück möchte. In Deutschland verdienen Lehrer gut. Sie haben eine angenehme Arbeitszeit, weil die Schule mittags aufhört. Da ist man spätestens um halb zwei zu Hause.
Ja, ich habe zwei Berufspraktika von je vier Wochen gemacht, und vorher ein Orientierungspraktikum, auch vier Wochen. Man macht das nach der Hälfte der Studienzeit, damit man herausfindet, ob man auch das richtige Berufsziel hat. Es war insgesamt eine gute Erfahrung.	*Haben Sie ein Berufspraktikum gemacht?*	Ja, das Praktikum war interessant, aber nicht immer ganz leicht. Manche Lehrer haben sehr geholfen, dann war es leicht, aber manche Klassen waren ziemlich schwierig.

Übung 12   Richtig oder falsch?

1. Lena hat in der Oberstufe eine Naturwissenschaft, eine Sprache und eine Sozialwissenschaft gelernt.
2. Luise lernt lieber zu Hause als in der Uni.
3. Die Freie Universität hat zu viele Studenten.
4. Lena glaubt, daß sie schnell eine Stelle als Lehrerin finden wird.
5. Luise meint, daß Lehrer in Deutschland gut verdienen und nicht zu lange arbeiten müssen.
6. Man macht ein Berufspraktikum nach vier Wochen Studienzeit.

8

Es ist nicht sehr einfach, in Deutschland einen Studienplatz zu bekommen. Wer ein beliebtes Fach studieren will, braucht einen guten Notendurchschnitt.

Erdinç macht sich Sorgen über seine Abiturnoten.

Jörg: Wie war denn dein letztes Zeugnis?

Erdinç: Also, eigentlich ganz gut. In Deutsch habe ich eine Zwei, in Englisch auch, und in Französisch eine Drei, aber nur, weil ich vor der letzten Klassenarbeit die Grippe hatte.

Karin: Und die Nebenfächer?

Erdinç: Ja, die sind das Problem. Ich muß ja Mathe und eine Naturwissenschaft machen, obwohl ich in beiden Fächern nicht gut bin. In Biologie habe ich eine Vier, aber in Mathe kann es beim nächsten Mal eine Fünf werden. Ich kann zwar auch mit einem relativ schlechten Notendurchschnitt irgendwo in Deutschland einen Studienplatz bekommen, aber ich möchte gerne in Berlin studieren.

Ein Vergleich zwischen Deutschland und Großbritannien: Sieh dir die Liste für Deutschland an und mache eine für Großbritannien.

D	GB
Oberstufe Man hat zwei Leistungskurse und mehrere Grundkurse. Man muß eine Sprache, Mathematik, eine Sozialwissenschaft und eine Naturwissenschaft lernen. Alle Noten gemeinsam zählen zur Abiturdurchschnittsnote.	? ? ?
Universitätswahl In unbeliebten Fächern kann man sich direkt bei der Uni bewerben. In beliebten Fächern bewirbt man sich bei einer Zentralstelle. Man bekommt dann einen Platz an einer Uni irgendwo in Deutschland, wenn man eine gute Durchschnittsnote hat. Es gibt kein Vorstellungsgespräch an der Uni.	? ? ? ?
Studium Ein Studium dauert mindestens vier Jahre, meistens länger. Viele Studenten wechseln nach der Hälfte des Studiums die Uni. Es gibt sehr wenig Studentenwohnheime. Man muß sich selbst eine Unterkunft suchen. In manchen Städten ist das sehr schwierig.	? ? ?

Übung 13   Arbeite mit einem Partner/einer Partnerin!

Eine(r) von euch ist Experte/Expertin für das englische Erziehungssystem, der/die andere für das deutsche. Ihr werdet in einer Radiosendung befragt. Vergleicht die beiden Systeme und sagt für jeden Vergleichspunkt, was ihr besser/schlechter findet und warum. Nehmt die Debatte auf Kassette auf und spielt sie eurer Klasse vor.

Übung 14   Und du? Interview deine Mitschüler!

1. Was möchtest du nach der elften Klasse machen? Möchtest du in die Oberstufe gehen oder die Schule verlassen? Warum?
2. Welche Fächer möchtest du in der Oberstufe nehmen?
3. Möchtest du studieren? Warum (nicht)? Welches Fach?
4. Welchen Beruf möchtest du ergreifen? Warum?
5. Was für Qualifikationen brauchst du dafür?
6. Ist es ein Beruf, bei dem man viel verdient?

Übung 15   Ordne diese Worte in Wortfelder ein!

(a) Schule (allgemein)   (b) Schule (Zeugnis)   (c) Schule (Fächer)   (d) Beruf

Aufgabe, Bleistift, Grundschule, Heft, Klassenarbeit, gut, aufpassen, Handarbeit, Abitur, mangelhaft, Aula, befriedigend, bestehen, Lehrling, Nachhilfe, Oberstufe, ausreichend, Berufsberatung, hitzefrei, sehr gut, Note, Kreide, durchfallen, Prüfung, Naturwissenschaft, Zeichnen, sitzenbleiben, schwänzen, Berufsschule, Fremdsprache, Lehre, ungenügend, versetzen, Werken

Übung 16   Was ist das Gegenteil von…?

1. ungenügend.
2. sitzenbleiben.
3. Ferien.
4. Lehrling.
5. loben.

Übung 17   Wie viele Worte kennst du, die…

1. … mit „Beruf" anfangen?
2. … „Schule" enthalten?
3. … mit „Fach" enden?

Übung 18   Für wie viele Gegenstände in deinem Klassenzimmer kennst du das deutsche Wort?

Übung 19   Was gehört nicht dazu?

1. Lehrling	Berufsschule	Ausbildung	Lieblingsfach
2. Berufsschule	Berufsberatung	berufsspezifisch	Berufung
3. ausreichend	mündlich	befriedigend	ungenügend
4. aufpassen	beantworten	abschreiben	loben
5. Handschuhfach	Hauptfach	Pflichtfach	Nebenfach

8 Interviews mit einer Lehrerin und einer Schülerin

Ulrike — **?** — **Eva**

Ulrike	Frage	Eva
Ja, aber ich bin nicht in der Politik aktiv.	Interessieren Sie sich für Politik?	Ja, ich finde Politik relativ interessant, obwohl ich nicht sehr viel Ahnung davon habe.
Ich finde es wichtig, daß wir in Frieden leben, daß unsere Umwelt intakt bleibt, und daß Frauen gleichberechtigt sind.	Was sind Ihrer Meinung nach die wichtigsten Probleme in der Welt?	Für mich sind die wichtigsten Probleme in der Welt Umweltschutz und Frieden, da für diese Dinge wirklich mehr getan werden müßte.
Im Augenblick finde ich es wichtig, daß die Menschen im östlichen Teil Deutschlands nicht mehr das Gefühl haben, unterprivilegiert zu sein.	Und in Deutschland?	Umweltschutz ist auch für Deutschland wichtig, obwohl in den letzten Jahren mehr und mehr dafür getan wird z.B. die Benutzung von FCKW wurde verboten, vieles wird recycelt…
Und in Berlin finde ich es wichtig, daß wir für die neue Hauptstadt mehr Geld bekommen. Ich finde es gut, daß Berlin Hauptstadt ist. Da sitzen die Politiker näher an den Problemen dran. In Bonn sind sie zu weit weg.	Und in Berlin?	In Berlin ist meiner Meinung nach der wachsende Ausländerhaß nach der Grenzöffnung ein großes Problem.

Übung 20   Und du? Interview deine Mitschüler!

1. Interessierst du dich für Politik? Warum (nicht)?
2. Was sind deiner Meinung nach die wichtigsten Probleme in der Welt?
3. Und in England?

Friede

„Bloß keinen Zank und keinen Streit!"
Das heißt auf englisch ganz einfach
PEACE
und auf französisch
PAIX
und auf russisch
MIR
und auf hebräisch
SHALOM
und auf deutsch
FRIEDE
oder:
„Du, komm,
laß uns
zusammen spielen,
zusammen sprechen,
zusammen singen,
zusammen essen,
zusammen trinken
und zusammen
leben,
damit wir
leben."

Josef Reding

Grammatik

Adjectives

Adjectives standing alone after the verb 'to be' do not decline (i.e. have an ending).
e.g. der Mann ist alt, die Frau ist jung, das Kind ist groß.

Adjectives standing in front of a noun always decline:

1. **Adjectives following the definite article**
   (and following dieser, jener, jeder and welcher)

	Masc.		Fem.		Neut.		Plural	
NOM.	der	-e	die	-e	das	-e	die	-en
ACC.	den	-en	die	-e	das	-e	die	-en
GEN.	des	-en	der	-en	des	-en	der	-en
DAT.	dem	-en	der	-en	dem	-en	den	-en

2. **Adjectives following the indefinite article**
   (and following kein, mein, dein, ihr, sein, unser, euer, Ihr)

	Masc.		Fem.		Neut.		Plural	
NOM.	ein	-er	eine	-e	ein	-es	meine	-en
ACC.	einen	-en	eine	-e	ein	-es	meine	-en
GEN.	eines	-en	einer	-en	eines	-en	meiner	-en
DAT.	einem	-en	einer	-en	einem	-en	meinen	-en

3. **Adjectives not preceded by an article**

	Masc.	Fem.	Neut.	Plural
NOM.	-er	-e	-es	-e
ACC.	-en	-e	-es	-e
GEN.	-en	-er	-en	-er
DAT.	-em	-er	-em	-en

e.g. Er trinkt schwarz**en** Kaffee. Sie hat drei klein**e** Kinder.

Place names as adjectives

These begin with a capital letter and always end in **er**.
e.g. Die Berlin**er** U-Bahn.

The comparative of adjectives

Most adjectives form the comparative by adding -er.
e.g. schnell (schnell**er**)   schön (schön**er**)

Adjectives of one syllable also add an umlaut to the vowel a, o or u (but not au).
e.g. alt (**ä**lt**er**)   groß (gr**ö**ß**er**)   faul (faul**er**)

Note 1:   gut (**besser**)   hoch (**höher**)

Note 2:   Comparative adjectives have the same endings as normal adjectives.
e.g. Er hat den billig**eren** Ring gekauft.

Interrogative adjectives and pronouns

was? *what?*
wer? *who?* (NOM.)
wen? *whom?* (ACC.)
wem? *to whom?* (DAT.)
wessen? *whose?* (GEN.)

wo? *where?*
wohin? *where (to)?*
woher? *where (from)?*
wann? *when?*
wie? *how?*

warum? *why?*
wieso? *why? (how come?)*
wozu? *what for? (for what purpose?)*
wieviel? *how much?*
wie viele? *how many?*

wie lange? *how long?*
was für? *what kind of?*
womit? *with what?*
wovon? *of/from what?*
worauf? *on what?*

137
hundertsiebenunddreißig

Conjunctions

Conjunctions are words which join clauses together.

1. Co-ordinating conjunctions
These join two sentences without affecting word order: und, denn, oder, aber, sondern.
e.g. Ich stand zu spät auf, und ich verpaßte den Bus.

2. Subordinating conjunctions
Subordinating conjunctions send the finite verb to the end of the subordinate clause. The most common are:

da	*as, since, because*	bis	*until*	obgleich/obwohl	*although*
daß	*that*	weil	*because*	damit	*so that (purpose)*
ob	*whether, if*	bevor	*before*	so daß	*so that (result)*
als	*when (single event in past)*	nachdem	*after*	sobald	*as soon as*
wenn	*when, if*	während	*while*		

NB Word order: Wir **bleiben** zu Hause, **weil** das Wetter schrecklich **ist**.
                   Weil das Wetter schrecklich **ist**, **bleiben** wir zu Hause.

                     Ich warte, **bis** mein Vater **zurückkommt**.
                     Es war sehr spät, **als** wir zu Hause **angekommen sind**.

Reflexive verbs

Sich beeilen *to hurry up*

ich beeile **mich**	wir beeilen **uns**
du beeilst **dich**	ihr beeilt **euch**
er	Sie beeilen **sich**
sie } beeilt **sich**	sie beeilen **sich**
es	

Expressions with the reflexive pronoun in the dative case

sich die Hände waschen	**sich die Zähne putzen**
ich wasche **mir** die Hände	wir putzen **uns** die Zähne
du wäschst **dir** die Hände	ihr putzt **euch** die Zähne
er	Sie putzen **sich** die Zähne
sie } wäscht **sich** die Hände	sie putzen **sich** die Zähne
es	

Modal verbs (present tense)

	dürfen	können	wollen	sollen	müssen	mögen
	(I am allowed to)	(I can, am able to)	(I want to)	(I should, ought to)	(I must, have to)	(I like)
ich	darf	kann	will	soll	muß	mag
du	darf|st	kann|st	will|st	soll|st	muß|t	mag|st
er/sie/es	darf	kann	will	soll	muß	mag
wir	dürf|en	könn|en	woll|en	soll|en	müss|en	mög|en
ihr	dürf|t	könn|t	woll|t	soll|t	müß|t	mög|t
Sie	dürf|en	könn|en	woll|en	soll|en	müss|en	mög|en
sie	dürf|en	könn|en	woll|en	soll|en	müss|en	mög|en

The six modal verbs follow the same pattern. Learn the pattern and the first person singular of each verb.

Modal verbs are usually used with a dependent infinitive which stands at the end of the sentence.
e.g. Darf ich heute abend ins Kino **gehen**?
      Du **sollst** früh nach Hause **kommen**.

The imperfect tense

The imperfect tense expresses the idea of 'was doing' and 'used to do'.
It can also (unlike the French imperfect) describe single, completed actions in the past.

1. **Weak verbs**

To form the imperfect tense of weak verbs, take the stem and add the endings: -te, -test, -te, -ten, -tet, -ten, -ten.

e.g. ich spiel **te**   wir spiel **ten**   *I played, I was playing, I did play, I used to play.*
     du spiel **test**   ihr spiel **tet**
     er ⎫   Sie spiel **ten**
     sie ⎬ spiel **te** sie spiel **ten**
     es ⎭

NB Verbs with their stem ending in *t*, *d* and sometimes *n* need an extra *e* before the endings of the imperfect.
e.g. ich arbeit**e**te, ich zeichn**e**te

2. **Strong verbs**

The vowel of a strong verb changes in the imperfect tense.
e.g. geben (gab), kommen (kam), fahren (fuhr), lesen (las), gehen (ging).
The imperfect stem must be learned (see list on page 140).
The following endings must be added to the imperfect stem.

e.g. ich ging   wir ging **en**   *I went, I was going, I did go, I used to go.*
     du ging **st**   ihr ging **t**
     er ⎫   Sie ging **en**
     sie ⎬ ging   sie ging **en**
     es ⎭

3. **Modal verbs**

Except for mögen (ich mochte) modal verbs behave exactly like weak verbs, but drop their umlaut (ich durfte, konnte, wollte, sollte, mußte).

4. **Irregular verbs**

Sein ich war   *I was*   wir waren   **Haben** ich hatte   *I had*   wir hatten
          du warst   ihr wart   du hattest   ihr hattet
          er ⎫   Sie waren   er ⎫   Sie hatten
          sie ⎬ war   sie waren   sie ⎬ hatte   sie hatten
          es ⎭   es ⎭

The pluperfect tense

The pluperfect tense expresses the idea 'had done'. All rules of the perfect tense (see Einfach toll! 4 page 131) apply to the pluperfect but it is made up of the imperfect tense of the auxiliary verb **haben** or **sein** and the past participle.
e.g. Ich **hatte** den Film noch nie **gesehen**.
    Nachdem er nach Düsseldorf **geflogen war**, fuhr er mit dem Zug nach Dortmund.

The future tense

This is formed by using the present tense of **werden** as the auxiliary verb plus the infinitive of the relevant verb.
e.g. Ich **werde** nächstes Jahr nach Deutschland **fahren**.

The present tense combined with a suitable adverb is often used to talk about the future.
e.g. Nächstes Wochenende fahre ich nach Blackpool.

The conditional tense

This is formed using the imperfect subjunctive of **werden** as the auxiliary verb plus the infinitive of the relevant verb.
e.g. In welche Abteilung **würdest** du **gehen**, um eine Jacke zu kaufen?
Ich **würde** lieber ins Kino **gehen**.

Unreal conditional sentences

Wenn ich reich **wäre**, **würde** ich einen Porsche kaufen.
If I *were* rich I *would* buy a Porsche.

Wenn ich viel Geld **hätte**, **würde** ich eine Weltreise machen.
If I *had* a lot of money I *would* go on a trip round the world.

Strong (or irregular) verbs

(*verbs conjugated with sein in the perfect tense)

Infinitive	Meaning	Present	Imperfect	Perfect
anfangen	start	fängt an	fing an	angefangen
aufstehen	get up		stand auf	aufgestanden*
beginnen	begin		begann	begonnen
bekommen	receive/get		bekam	bekommen
beschließen	decide		beschloß	beschloßen
beschreiben	describe		beschrieb	beschrieben
biegen	bend		bog	gebogen
bieten	offer		bot	geboten
bitten (um)	ask (for)		bat	gebeten
bleiben	stay		blieb	geblieben*
brechen	break	bricht	brach	gebrochen
bringen	bring		brachte	gebracht
denken	think		dachte	gedacht
dürfen	to be allowed to	darf	durfte	(gedurft) dürfen
einladen	invite	lädt ein	lud ein	eingeladen
einschlafen	fall asleep	schläft ein	schlief ein	eingeschlafen*
empfehlen	recommend	empfiehlt	empfahl	empfohlen
erhalten	receive	erhält	erhielt	erhalten
erkennen	recognise		erkannte	erkannt
essen	eat	ißt	aß	gegessen
fahren	drive, go	fährt	fuhr	gefahren*
fallen	fall	fällt	fiel	gefallen*
fangen	catch	fängt	fing	gefangen
finden	find		fand	gefunden
fliegen	fly		flog	geflogen*
frieren	freeze		fror	gefroren*
geben	give	gibt	gab	gegeben
gefallen	please	gefällt	gefiel	gefallen
gehen	go		ging	gegangen*
gewinnen	win		gewann	gewonnen
haben	have	hat	hatte	gehabt
halten	stop, hold	hält	hielt	gehalten
heißen	be called		hieß	geheißen
helfen	help	hilft	half	geholfen
kennen	know (be acquainted)		kannte	gekannt
kommen	come		kam	gekommen*
können	be able to	kann	konnte	(gekonnt) können
lassen	let	läßt	ließ	gelassen
laufen	run	läuft	lief	gelaufen*
leihen	lend		lieh	geliehen
lesen	read	liest	las	gelesen
liegen	lie		lag	gelegen
mögen	like	mag	mochte	(gemocht) mögen
müssen	have to, must	muß	mußte	(gemußt) müssen
nehmen	take	nimmt	nahm	genommen
reiten	ride		ritt	geritten*
rufen	call		rief	gerufen
scheinen	seem, shine		schien	geschienen
schießen	shoot		schoß	geschossen
schlafen	sleep	schläft	schlief	geschlafen
schließen	close, shut		schloß	geschlossen
schreiben	write		schrieb	geschrieben
schwimmen	swim		schwamm	geschwommen
sehen	see	sieht	sah	gesehen
sein	be	ist	war	gewesen*
singen	sing		sang	gesungen
sitzen	sit		saß	gesessen
sollen	be supposed to	soll	sollte	(gesollt) sollen
sprechen	speak	spricht	sprach	gesprochen
springen	jump		sprang	gesprungen*
stehen	stand		stand	gestanden
stehlen	steal	stiehlt	stahl	gestohlen
steigen	climb		stieg	gestiegen*
sterben	die	stirbt	starb	gestorben*
tragen	carry, wear	trägt	trug	getragen
treffen	meet	trifft	traf	getroffen
trinken	drink		trank	getrunken
tun	do	tut	tat	getan
verbringen	spend (time)		verbrachte	verbracht
vergessen	forget	vergißt	vergaß	vergessen
verlassen	leave	verläßt	verließ	verlassen
verlieren	lose		verlor	verloren
verschwinden	disappear		verschwand	verschwunden*
verstehen	understand		verstand	verstanden
vorschlagen	suggest	schlägt vor	schlug vor	vorgeschlagen
waschen	wash	wäscht	wusch	gewaschen
werden	become	wird	wurde	geworden*
werfen	throw	wirft	warf	geworfen
wissen	know (a fact)	weiß	wußte	gewußt
wollen	want	will	wollte	(gewollt) wollen
ziehen	pull		zog	gezogen